JN101343

Le français

Passionnément 2

Nouvelle édition

Fumiyo ANAN   Cécile MORIN

DAISAN SHOBO

Fondateur d'Immeubles en fête (p.22)

Ville d'Angers (p.35, p.38, p.39, p.40)

L'écho d'Angers sud-est (p.43)

Femme Actuelle N°1031 (p.54, p.55)

Illustration : Aurore © SEFA EVENT (p.54)

Crédit photo : Frédéric Bret, David Elbaz, Noémie Hautcœur, Ludivine Hermite, Jade Rouge, Clément Ouvrard, Amandine Verguin, Julien Eliot, CoolADN © SEFA EVENT (p.54)

La société Abyssium Paris Manga & SCI-FIshow (p.55)

装丁：杉 浦 昌 子
写真：著 者

★本書の音声ダウンロード

収　録 印のある箇所．数字はトラック番号に対応しています．音声データは下記 URL よりダウンロードの上ご利用ください．

https://www.daisan-shobo.co.jp/book/b491900.html

同じ内容の音声を収録した CD（本体 1,000 円＋税）も販売しております．

＊ご採用の先生方には教室用 CD（非売品）をご用意しました．

吹込者　Léna Giunta, Janick Magne, Sylvain Detey, Philippe Jordy

ま　え　が　き

　コミュニケーション能力の基礎をつけることを目的とした教科書「新・パショネマン 1」に続き,「パショネマン 2」は,基礎をかためながら応用力をつけることを目指しています.

　フランス語の会話・文法をある程度学習した人を対象にし,初級文法の基本項目を復習しながら,読む,聞く,話す,書くという総合的な力をつけていきます.

　テキストの構成と特徴は次のとおりです.

1) 各課はテキスト,関連する資料,文法の説明,練習問題の 4 頁構成で,10課からなっています. 4 課, 7 課, 10 課の後に資料と応用問題を入れました.

2) テキストは種々の文体に慣れてもらうため,日常会話文,インタビュー,アンケート,メール文,時事的な文など,変化に富んだものにしました.

3) テキストの内容に関連する資料(documents authentiques)を用意しました. 実際の資料等を読み,内容をつかむ練習にもなるでしょう.

4) 練習問題は各課の文法事項に関するものに加えて,聞き取り問題や書き取り問題も用意しました. 聞き取り練習は,大切なポイントを聞き取る練習からはじめ,だんだん全体も聞き取れるように練習していきます.

5) 復習のページには資料とともに,聞き取り問題,内容理解の問題,また語彙を増やす問題等も用意しました.

　到達目標は実用フランス語技能検定試験(仏検)の 3 級から準 2 級レベル,また欧州評議会認定試験 DELF の A2 レベルに設定して,それに対応するような練習問題も用意しました. 検定試験は自分の語学力のレベルを知り,さらにレベルアップするために有効ですので,ぜひ挑戦していってもらいたいと思っています. また同時に,学生の皆さんが,フランスやヨーロッパのことに興味をもち,自分でも幅広く文章を読んだり,手紙などを書くこともしてほしいと思っています.

　このたび,改訂版を作成するにあたり,テキストの内容に関する資料や写真を出来る限り新しくしました. またテキスト内にある料金や数字も現在のものに変更し,文章も必要に応じ新しくしました. ご利用いただけると幸いです.

　最後に,写真撮影に協力頂いた多くの方々,資料の利用を許可して頂いたアンジェ市はじめ関係各位に,心からお礼申しあげます.

著　者

目　次

Dans le bureau du responsable des relations internationales d'une université

🎧 02

Étudiante :   Bonjour, Monsieur.

Directeur :   Bonjour. Que désirez-vous ?

Étudiante :   Euh... voilà. Je m'appelle Laurène Sablin. Je suis étudiante en langues étrangères et je cherche un travail pour occuper les mois de vacances et gagner un peu d'argent cet été. Alors, je souhaite partir en juillet et en août dans un autre pays.

Directeur :   Très bien. Nous avons quelques propositions à l'étranger. Quelles langues parlez-vous ?

Étudiante :   Je parle couramment anglais et espagnol, et aussi un peu allemand.

Directeur :   Qu'est-ce que vous étudiez exactement ?

Étudiante :   Je suis en Master 1 de langues étrangères appliquées au tourisme.

Directeur :   Vous savez conduire ?

Étudiante :   Oui, j'ai mon permis de conduire depuis quatre ans.

Directeur :   Vous avez quel âge ?

Étudiante :   23 ans.

Directeur :   Très bien. Attendez, je regarde... Ah ! Nous avons une proposition de travail dans un hôtel à Malaga, dans le sud de l'Espagne. C'est intéressant, non ?

Étudiante :   Oh oui, bien sûr !

Directeur :   Alors, je prends votre numéro de téléphone.

Étudiante :   D'accord. C'est le 06-68-34-57-76.

Répondez aux questions suivantes sur le texte. 🎧 03

1. Où se passe la scène ?
2. Pourquoi l'étudiante vient-elle dans ce bureau ?
3. Pourquoi cherche-t-elle un travail ?
4. Quelles langues parle-t-elle ?
5. Est-ce que l'étudiante sait conduire ?
6. Qu'est-ce que le directeur propose comme travail ?

Documents

Fiche de renseignements sur l'étudiant(e)

Nom :	Sablin
Prénom :	Laurène
Âge :	23 ans
Téléphone :	06 68 34 57 76
Langues parlées :	l'anglais et l'espagnol couramment, l'allemand (un peu)
Études en cours :	Master 1 de langues étrangères appliquées au tourisme
Souhaits : Où ?	dans un autre pays
Quand ?	en juillet et en août
Quoi ?	un travail d'été
Proposition(s) :	un emploi dans un hôtel à Malaga, dans le sud de l'Espagne

Expressions

疑問の表現の復習 🎧 04

1. Quel âge avez-vous ?
2. Quelles langues parlez-vous ?
3. Que voulez-vous faire comme métier ?
4. Quel est votre passe-temps favori ?
5. Où voulez-vous voyager ?

数字の 100 までの復習

偶数（Chiffres pairs）: 2, 4, 6, 8, 10, 12, ...
奇数（Chiffres impairs）: 1, 3, 5, 7, 9, 11, 13, ...

Grammaire

1 動詞の直説法現在の活用　Les verbes au présent

1）規則動詞の語尾変化（語幹は原則として変わらない）

	a.	**-er**	b.		**-ir**
	je	**-e**		je	**-is**
	tu	**-es**		tu	**-is**
	il / elle	**-e**		il / elle	**-it**
	nous	**-ons**		nous	**-issons**
	vous	**-ez**		vous	**-issez**
	ils / elles	**-ent**		ils / elles	**-issent**

＊-er 動詞のいくつかは発音上の理由で綴り字に注意する必要がある.

je lève
je jette
j'appelle
nous mangeons
nous commençons

2）よく使われる不規則動詞の活用

	être	avoir	aller	venir	faire	prendre	vouloir	s'inscrire
je (j')	suis	ai	vais	viens	fais	prends	veux	m'inscris
tu	es	as	vas	viens	fais	prends	veux	t'inscris
il / elle	est	a	va	vient	fait	prend	veut	s'inscrit
nous	sommes	avons	allons	venons	faisons	prenons	voulons	nous inscrivons
vous	êtes	avez	allez	venez	faites	prenez	voulez	vous inscrivez
ils / elles	sont	ont	vont	viennent	font	prennent	veulent	s'inscrivent

下記の動詞もよく使われるので，活用は確認しておこう.（巻末の動詞活用表を参照）

attendre, boire, connaître, devoir, dire, mettre, partir, pouvoir, savoir, voir

2 命令法　L'impératif

1）原則として，tu, nous, vous の直説法現在形から作られる.

tu donnes → **donne***　　nous donnons → **donnons**　　vous donnez → **donnez**
tu attends → **attends**　　nous attendons → **attendons**　　vous attendez → **attendez**

＊ -er 動詞，aller, ouvrir, offrir の tu の命令形では s がつかないことに注意.

2）être, avoir の命令形

être : **sois**,　**soyons**,　**soyez**　　　　　avoir : **aie**,　**ayons**,　**ayez**

3）否定命令文

Ne tardez pas.

4）代名動詞の命令文

Dépêche-toi.　　　　　Dépêchons-nous.　　　　　Dépêchez-vous.
Ne t'inscris pas.　　　　Ne nous inscrivons pas.　　　Ne vous inscrivez pas.

Exercices

1 動詞を直説法現在に活用し，日本語に訳しなさい． 🎧05
Complétez le texte avec des verbes au présent de l'indicatif et traduisez en japonais.

Lucile (être) française. Elle (habiter) en Bretagne avec son mari. Ils (avoir) un petit garçon. Il (s'appeler) Grégoire. Il (avoir) 4 ans. Le week-end, ils (aller) ensemble au bord de la mer. Ils (faire) de longues promenades. Parfois, ils (partir) rendre visite à leur famille ou ils (voir) des amis. En semaine, Lucile (s'occuper) de la maison et son mari (travailler). Grégoire (vouloir) aller à l'école tous les jours et il (apprendre) beaucoup. Le soir, il (s'amuser) un peu, il (prendre) son bain, il (dîner) et (se coucher). Il (dormir) bien car il est très fatigué de sa journée !

2 例に従い，命令文に書き換えなさい． Mettez les verbes à l'impératif affirmatif et négatif.

ex. Tu dois réserver ton voyage.　　→　Réserve ton voyage !

　　Vous ne devez pas avoir peur.　→　N'ayez pas peur !

1. Nous devons visiter cette région.
2. Tu dois prendre des photos.
3. Tu dois aller à l'hôtel.
4. Vous devez être à l'heure.
5. Nous ne devons pas boire cette eau.
6. Vous ne devez pas entrer ici.
7. Nous ne devons pas nous coucher tard.
8. Vous ne devez pas acheter de ticket.

3 数字を聞き取り，算用数字で書き入れなさい． 🎧06
Écoutez et complétez les chiffres que vous entendez.

Bonjour, je m'appelle Bruno, je suis né le (　　　　　) août 1977.

J'ai une sœur de (　　　　　) ans.

J'habite (　　　　　) rue des Lices à Angers.

Je suis professeur à l'université depuis (　　　　　) ans.

Mon numéro de téléphone est le 02 (　　　　) (　　　　) (　　　　) 28 et

mon numéro de portable est le (　　　　) 82 (　　　　) 35 (　　　　).

4 （　　）のところを聞き取り，書き入れなさい． Dictée. 🎧07

Bonjour,

Je suis étudiant à l'université des langues (　　　　　) et je cherche un emploi pour les vacances d'(　　　　　). Je souhaite travailler dans le (　　　　　) comme guide ou (　　　　　) dans un hôtel dans un pays (　　　　　) ou hispanophone. En effet, je parle (　　　　) l'anglais et l'espagnol. J'ai aussi mon permis de (　　　　　). Je peux donc (　　　　　) me déplacer. Si vous avez une (　　　　　), vous pouvez me (　　　　) au 02-41-58-54-32. Merci !

＊チェックポイント：アクサン記号や発音されない文字に注意しましょう．

5 上の書き取りの文章を参考に自分のことも書いてみよう．
Relisez le texte de l'exercice 4 et écrivez une présentation sur le même modèle pour vous-même.

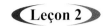

Dans une agence de voyages en France   ∩08

Employé :	Bonjour, Madame. Qu'est-ce que je peux faire pour vous ?
Cliente :	Voilà... Mon mari et moi avons une semaine de congés en mai prochain et nous souhaitons faire un petit voyage.
Employé :	Attendez, je regarde les promotions... Alors, nous avons une semaine en Grèce, dans un hôtel trois étoiles en pension complète pour 580 euros par personne, ou encore un circuit de 6 jours en Norvège pour 900 euros par personne en demi-pension.
Cliente :	À vrai dire, on préfère se reposer au soleil. Un circuit, c'est un peu fatigant.
Employé	Oh, vous savez, à cette époque, il fait beau partout. Mais si vous voulez être sûrs de vous reposer au soleil, nous avons un séjour de 8 jours dans le Pays Basque pour 750 euros par personne tout compris. C'est vraiment intéressant.
Cliente :	C'est vrai. Je vais discuter avec mon mari.
Employé :	Bien sûr. Mais attention, ne tardez pas ! Il y a encore des places mais, actuellement, les gens voyagent moins longtemps, plus souvent, et les séjours sont vite complets !
Cliente :	Oui, je sais. Je vais repasser bientôt. Merci, Monsieur. Au revoir.

Répondez aux questions sur le dialogue. ∩09

1. Où est la cliente ?
2. Quand est-ce que la cliente souhaite voyager ?
3. Avec qui est-ce qu'elle souhaite voyager ?
4. Combien de temps est-ce qu'ils veulent partir ?
5. Pourquoi est-ce que la cliente n'aime pas les circuits ?
6. Qu'est-ce que les clients veulent faire pendant leur voyage ?

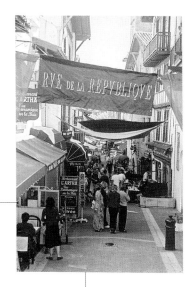

Chère Isabelle,
Je suis bien arrivée dans le sud. J'étais vraiment fatiguée par nos longues journées de visites à Paris. Enfin, maintenant, je suis à Bayonne, à l'hôtel et je ne fais rien d'autre que des promenades dans la ville, du shopping et de bons repas au restaurant. L'après-midi, je prends un thé glacé à la terrasse ensoleillée d'un café. Car ici, il fait un soleil magnifique ! Demain, je vais partir sur la côte pour profiter de la mer et de la belle ville de Saint-Jean-de-Luz. Je vais penser à toi !
Grosses bises, Caroline

Mademoiselle Isabelle Jonnier

21 rue des Fleurs

Appartement n° 35

75 006   Paris

Expressions

情報を得るときの表現 Se renseigner 🎧 10

1. Comment fait-on pour aller au château ?
2. Quand part le prochain train ?
3. Je voudrais connaître le prix du voyage.
4. Pourriez-vous me dire l'heure de départ du car ?
5. Pourriez-vous m'indiquer le chemin (la direction) ?

100 以上の数字の復習

| 100 | cent | 200 | deux cents | 301 | trois cent un | 820 | huit cent vingt |
| 1 000 | mille | 2 000 | deux mille | 1 000 000 | un million | | |

Grammaire

1 不定冠詞と定冠詞 Les articles indéfinis et les articles définis

1) 不定冠詞：un, une, des は限定されていない数えられる名詞の前につき，「一つの」「いくつかの」「ある」という意味を表す.

J'achète un livre.   Une amie vient chez moi.

Je prends des fruits.

＊直接目的語につく不定冠詞は否定文では de となる.

Je n'achète pas de livre.

＊不定冠詞複数 des の別形の de：複数形容詞＋名詞の前の不定冠詞 des は de になる.

Il y a de grandes maisons ici.

2) 定冠詞 le (l'), la (l'), les は限定された物，特定の物を表すときに用いられるほか，事物を総称する，指示形容詞の意味で用いられる，その他(単位，固有名詞，家族)の用法もある.

Le père de Marc travaille à la mairie.   Les Français adorent le fromage.

Les pommes coûtent 4 euros le kilo.   La Loire est un fleuve français.

Les Melin partent en voyage.

2 近接未来と近接過去 Le futur proche et le passé récent

1) 近接未来は心理的に近い未来を表す.「すぐ～します」「～するつもりです」

形： | 動詞 aller の現在の活用＋不定詞 | Ce soir, je vais parler avec mes parents.

2) 近接過去は心理的に近い過去を表す.「～したばかりです」

形： | 動詞 venir の現在の活用＋ de ＋不定詞 | Je viens d'acheter des billets de train.

3 動詞の種類 Les catégories de verbes

フランス語の動詞には自動詞(目的補語を必要としない動詞)，他動詞(目的補語をとる動詞)，代名動詞(主語と同じ人称の代名詞を伴う動詞)，非人称動詞(3 人称単数の活用のみ)がある.

1) 自動詞 verbe intransitif

Elle dort.

2) 他動詞 verbe transitif：動詞に前置詞を伴わないもの，前置詞 à, de などを伴うものがあるので注意して覚えよう.

Elle regarde la télévision.   Elle obéit à ses parents.

3) 代名動詞 verbe pronominal

Je me lève à 6 heures.   Ce livre se vend bien.

Nous nous téléphonons souvent.   Ils se souviennent de ce voyage.

4) 非人称動詞 verbe impersonnel

Il fait beau.   Il pleut.

Il faut travailler.

1 不定冠詞か定冠詞を入れなさい. Complétez avec un article défini ou indéfini.　🎧11

1. (　　　　) maman d'Isabelle habite à (　　　　) campagne dans (　　　　) jolie maison avec (　　　　) jardin et (　　　　) fleurs.

2. Angers est (　　　　) ville touristique avec (　　　　) château. C'est (　　　　) château du Roi René.

3. Amandine aime (　　　　) animaux : (　　　　) chats et (　　　　) chiens. Elle a (　　　　) chat et (　　　　) chien à la maison.

4. Alexis a (　　　　) grande amie. Elle s'appelle Lola. Tous les matins, ils vont à (　　　　) école ensemble.

5. (　　　　) Corse est une région de France. Il y a (　　　　) forêts immenses. (　　　　) ciel est bleu, (　　　　) mer est chaude et (　　　　) habitants sont sympathiques.

2 近接未来, 近接過去を用いて文を書き換えなさい.　🎧12
Mettez les phrases suivantes au futur proche et au passé récent.

1. Nous faisons les valises.

2. Ils partent en Corse.

3. Tu arrives à l'hôtel.

4. Vous avez votre passeport.

5. Elle écrit une carte postale.

3 (　　　　) 内に数字と国名が入ります. 数字は算用数字で書き入れなさい.　🎧13
Écoutez et complétez avec les chiffres et les noms de pays que vous entendez.

Voici les promotions de voyages au départ de Paris pour le mois prochain.

1. Un circuit de (　　　　) jours au (　　　　) pour (　　　　) € par personne.
2. Un séjour de (　　　　) semaines en (　　　　) pour (　　　　) € par personne.
3. (　　　　) jours au (　　　　) pour (　　　　) € par personne.
4. (　　　　) jours de safari au (　　　　) pour (　　　　) € par personne.
5. Un circuit de (　　　　) semaines en (　　　　) pour (　　　　) € par personne.

4 (　　　　) のところを聞き取り, 書き入れなさい. Dictée.　🎧14

Vous voulez partir en (　　　　　　　　) en France ? Nous vous (　　　　　　　　) un circuit de 15 jours dans 5 villes (　　　　　　　　) pour 2 200 € ou un séjour de 10 jours à Nice pour le même (　　　　　　　　). Choisissez le circuit pour (　　　　　　　　) Marseille, Bordeaux, Angers, Strasbourg et Paris. Vous préférez le (　　　　　　　　) ?
(　　　　　　　　) alors le séjour à Nice. Vous pouvez rester sur la (　　　　　　　　), marcher dans les vieux (　　　　　　　　) et faire des (　　　　　　　　) au marché traditionnel.
Alors, n'hésitez pas ! Venez !

＊チェックポイント：性・数の一致.

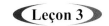

Interview d'un chef cuisinier 🎧15

Une journaliste japonaise profite de son voyage en France pour interviewer le chef cuisinier d'un grand restaurant angevin.

Journaliste : Monsieur Beschus, peut-on dire que dans votre restaurant, vous préparez surtout des plats typiques de la région ?

Cuisinier : Évidemment, le restaurant en propose. On y sert du poulet, des champignons, de la cuisine au vin et les desserts très célèbres de la région. Mais les gens aiment aussi venir ici pour découvrir les spécialités d'autres régions.

Journaliste : Vous pouvez en citer quelques-unes ?

Cuisinier : Oui, bien sûr. Ici, nous préparons beaucoup de cuisine méditerranéenne : du poisson avec des aubergines, des courgettes, des poivrons et des tomates.

Journaliste : Est-ce qu'il existe des plats régionaux connus dans toute la France ?

Cuisinier : Oh oui ! Il y en a énormément. Je ne connais pas tout, mais tout le monde mange du cassoulet toulousain, de la choucroute alsacienne, du foie gras du sud-ouest, des crêpes de Bretagne.

Journaliste : Et les Français connaissent aussi la cuisine japonaise ?

Cuisinier : Oui, bien sûr ! Ils apprécient les plats étrangers en général et mangent de plus en plus de sushis. C'est une cuisine légère, saine et originale.

Répondez aux questions suivantes sur le texte. 🎧16

1. Qu'est-ce qu'on prépare surtout dans le restaurant de Monsieur Beschus ?
2. On y sert quels aliments typiques de la région angevine ?
3. Est-ce qu'ils servent des spécialités d'autres régions de France ?
4. Pouvez-vous citer d'autres spécialités des régions de France ?
5. Quel plat japonais les Français mangent-ils de plus en plus ? Pourquoi ?

Documents

Vocabulaire

料理・料理法に関する語彙

cuisine traditionnelle　伝統料理　— savoureuse　美味な, copieuse　量がたっぷりな

nouvelle cuisine　新フランス料理, ヌーベルキュイジーヌ　— légère　あっさりしている
　（バター, 生クリームなどを減らしカロリーを抑え, 自然味を重視した料理法をいう）

cuisine ethnique　エスニック料理　— épice　香辛料

cuisine végétarienne　菜食料理　— pas de viande, pas de poisson, pas d'œuf

cuisine en plein air　野外料理（バーベキュー）

chez le traiteur　仕出し屋, 出前屋

amateur de bonne cuisine　美食家, 食道楽

garniture　付け合せ

plat garni　野菜を添えた肉または魚料理

plat typique　典型料理

produits chimiques　化学製品, (食品などの)化学的添加物

recette　作り方, 調理法

temps de préparation　調理時間

cuisine régionale　郷土料理

plat froid　冷製の料理

plat régional　郷土料理

produits biologiques　自然(有機)食

quantité　分量

spécialité　名物料理, 特産品

temps de cuisson　加熱時間

Grammaire

1 部分冠詞 Les articles partitifs

数えられないものを表す名詞（物質名詞, 抽象名詞）の前に置かれ, 若干量を示すときに用いられる.

男性単数	女性単数
du (de l')	**de la** (de l')

＊部分冠詞は定冠詞に部分を表す de がついてできたもの.

du beurre   de l'alcool   de la farine   de l'eau

du courage   de l'espoir   de la patience   de l'ambition

＊直接目的につく部分冠詞は否定文では de になる. J'ai de la chance.   Je n'ai pas de chance.

＊分量表現がつくときは部分冠詞はつけない. beaucoup de café   un kilo de farine

＊量を表さないときは定冠詞を用いる. J'adore le café.

2 中性代名詞 Les pronoms neutres : en, y, le

1) **en**

「de ＋場所」に代わる.

Vous venez de Paris ? — Oui, j'en viens.

「不定冠詞・部分冠詞・分量副詞・数形容詞＋名詞」に代わる（数詞は残る）.

Est-ce que j'achète deux baguettes ? — Non, tu en achètes trois.

「de ＋名詞・代名詞・節・文」に代わる.

Elle est contente de son séjour en Corse ? — Oui, elle en est très contente.

2) **y**

「場所を表す前置詞（à, en, dans, sur など）＋名詞」に代わる.

Vous êtes allé à Toulouse ? — Oui, j'y suis allé l'été dernier.

「à ＋物・事柄」に代わる.

Tu penses à tes vacances ? — Oui, j'y pense souvent.

3) **le**

属詞としての形容詞・名詞, 直接目的になる不定詞・節などに代わる.

Nous n'avons pas d'excursion aujourd'hui. — Oui, je le sais.

Tu es déçue ? — Oui, je le suis.

＊補語人称代名詞と共に用いられるときは, en, y, le がその後に来る.

Je vous **en** prie.   Nous les **y** apportons.

Exercices

1 アンジュー地方の名物料理とその材料です. ( ) 内に適当な冠詞を入れなさい. 🎧17
Voici les ingrédients de plats de la région angevine. Complétez avec les articles qui conviennent.

1. Dans la quiche aux oignons, il y a ( ) farine, ( ) beurre, ( ) œufs, ( ) eau, ( ) oignons, ( ) jambon, ( ) lait, ( ) crème, ( ) sel et ( ) poivre.

2. Dans le soufflé glacé au Cointreau*, il y a ( ) œufs, ( ) sucre, ( ) crème, ( ) oranges et ( ) Cointreau.   *Le Cointreau est un alcool parfumé à l'orange.

2 中性代名詞 y か en を用いて, 指示に従い質問に答えなさい.   🎧18
Répondez aux questions en utilisant les pronoms y et en.

1. Est-ce que les Français mangent des plats japonais ?
— Oui, ( ).
2. Est-ce que les touristes vont dans le restaurant de Monsieur Beschus ?
— Oui, ( ).
3. Est-ce que les touristes achètent beaucoup de vin ?
— Oui, ( ).
4. Est-ce que vous pensez à votre travail pendant les vacances ?
— Non, ( ).
5. Est-ce que vous rêvez de faire un tour de France gastronomique ?
— Oui, ( ).
6. Est-ce que vous mangez souvent du fromage au Japon ?
— Non, ( ).
7. Est-ce que vous voulez voyager en France ?
— Oui, ( ).
8. Est-ce qu'on peut manger au château d'Angers ?
— Non, ( ).

3 いちごケーキの作り方です. ( ) を聞き取り, 書き入れなさい. Dictée. 🎧19

Le gâteau aux fraises

Mélanger quatre cuillerées à soupe de ( ) avec la même quantité de ( ). Ajouter un ( ), deux cuillerées à soupe d'( ) et ( ) sachet de levure.
Mélanger encore. Faire fondre ( ) grammes de ( ) et verser dans la pâte. Bien mélanger. Mettre dans un moule beurré et ( ) au four à ( ) degrés pendant ( ) minutes. Couper ( ) grammes de fraises en deux. Quand le ( ) est froid, placer les fraises dessus et servir avec un coulis* de framboises.

＊ un coulis est une compote de fruits très liquide.

＊チェックポイント：基本の単語が正確に書けるかチェックしましょう. 数字も聞き取れましたか.

Quelle fête préférez-vous ? ∩ 20

Il y a beaucoup de fêtes en France : fêtes civiles, religieuses, familiales, entre amis...
Différentes personnes nous racontent leur fête préférée.

Sandrine, 37 ans : Moi, je trouve la fête des mères formidable. C'est toujours le dernier
dimanche du mois de mai. Cette année, les enfants ont préparé un petit cadeau à l'école
avec leur professeur et ils l'ont rapporté à la maison le samedi midi. Ils l'ont caché et l'ont
offert à leur maman le dimanche midi. C'est une jolie fête de famille, et c'est la même
chose pour la fête des pères, le deuxième dimanche de juin.

Marc, 54 ans : Moi, j'adore la fête nationale, le 14 juillet. En général, on ne travaille pas,
alors je fais la grasse matinée. Cette année encore, j'ai regardé le défilé militaire sur les
Champs-Élysées à la télé, et je suis allé voir le feu d'artifice au bord de la rivière. C'est
vraiment magnifique ! Mais après, je ne suis pas resté au bal populaire, parce que je
déteste danser.

Amandine, 18 ans : Moi, je préfère sortir avec mes copains et mes copines. Ils sont très
importants pour moi. Je les adore. Je leur raconte tous mes secrets. On va au café, au
cinéma, on dîne ensemble le samedi et après, on danse toute la nuit à la discothèque.
Hier soir, je suis rentrée à la maison à quatre heures du matin !

Alexis, 6 ans : Je préfère Noël, le 25 décembre. Au
début du mois, j'ai écrit au Père Noël et il m'a
apporté des cadeaux dans la nuit du 24 au 25. Je
les ai ouverts le matin et je les ai découverts
avec toute ma famille. L'année prochaine, je
lui demanderai un train électrique.

Renée, 75 ans : J'adore aller à l'église pour les fêtes
religieuses : Noël, Pâques, la Toussaint... Mais
j'aime aussi être en famille. Par exemple, cette
année, j'ai vu pour la première fois mes arrière-
petits-enfants chercher les œufs en chocolat dans
le jardin le jour de Pâques. Quel bonheur !

Répondez aux questions sur le texte. ∩ 21

1. Quels types de fêtes sont cités ?
2. Quelle est la fête préférée de Sandrine ?
3. Qu'est-ce que Marc a fait le 14 juillet ?
4. À quelle heure Amandine est rentrée à la maison hier soir ?
5. Pourquoi est-ce qu'Alexis préfère Noël ?
6. Pourquoi est-ce que Renée a été contente cette année ?

Documents

Expressions

自分の意見・感想を言う表現 Justifier son opinion 🎧22

1. À mon avis, ... D'après moi, ... Selon moi, ...
2. J'adore la fête nationale, le 14 juillet.
3. J'aime mieux sortir avec mes copains.
4. Je préfère Noël.
5. Je crois qu'il fera beau demain.
6. Je pense que c'est amusant.
7. Je trouve que ce vin est bon.

Grammaire

1 直説法複合過去 Le passé composé de l'indicatif

1) 形： | 助動詞 avoir または être の現在の活用＋過去分詞 |

　　a. 他動詞および大部分の自動詞は，助動詞 avoir を用いる．助動詞 avoir を用いる場合も，過去分詞の前に直接目的補語がある場合，過去分詞はそれと性・数の一致をする．

　　Regardez ces photos. Je les ai prises ce matin.

　　b. 代名動詞とごく一部の自動詞（往来発着の自動詞）は，助動詞 être を用いる．助動詞が être の場合，過去分詞は主語の性・数に一致する．

　　Hier, je me suis levé(e) tôt et je suis parti(e) au travail à pied.

2) 用法

　　a. 過去の事実を出来事として話すとき　　Il m'a téléphoné hier soir.

　　b. 現在までに完了した行為や動作　　J'ai fini mes devoirs.

　　c. 行為の結果が現在に及んでいるもの　　J'ai lu le journal de ce matin.

　　d. 過去の明記された期間での経験　　J'ai travaillé à Paris de 1980 à 1990.

3) 覚えておきたい過去分詞

avoir (eu), boire (bu), conduire (conduit), connaître (connu), coudre (cousu),
croire (cru), devoir (dû), dire (dit), écrire (écrit), être (été), faire (fait), falloir (fallu),
lire (lu), mettre (mis), ouvrir (ouvert), pouvoir (pu), prendre (pris), recevoir (reçu),
savoir (su), venir (venu), vivre (vécu), voir (vu), vouloir (voulu)

2 人称代名詞 Les pronoms personnels

主語	je	tu	il	elle	nous	vous	ils	elles
強勢形	moi	toi	lui	elle	nous	vous	eux	elles
直接目的補語	me (m')	te (t')	le (l')	la (l')	nous	vous	les	les
間接目的補語	me (m')	te (t')	lui	lui	nous	vous	leur	leur

＊me, te, le, la は母音の前で，母音字省略で m', t', l' になる．

＊補語人称代名詞は動詞の前に置くが，肯定命令文では動詞の後ろに置かれ，me, te は moi, toi の形になる．

　Excusez-moi.

＊直接目的をとるか間接目的をとるかは動詞による．動詞が前置詞を取る場合は覚えていこう．

　Elle appelle sa famille. Elle l'appelle.

　Elle parle à son professeur. Elle lui parle.

Exercices

1 次の文の動詞を複合過去にしなさい. Mettez les phrases suivantes au passé composé. 🎧**23**

1. J'organise une fête pour mon anniversaire.
2. Mes amis reçoivent une invitation.
3. Vous allez acheter des cadeaux.
4. Nous prenons beaucoup de photos.
5. Ils boivent du champagne.
6. Nous rentrons tard !

2 次の質問文に, 指示に従い補語人称代名詞を使って答えなさい. 🎧**24**
Répondez aux questions en utilisant des pronoms compléments d'objet direct et indirect.

ex. Vous aimez cette chanson ?　　　　　— Oui, je l'aime.

1. Tu téléphones à la maman d'Alexis ?　— Oui, (　　　　　　　　　　).
2. Tu écoutes la radio française ?　　　— Non, (　　　　　　　　　　).
3. Nous prenons le bus ?　　　　　　　— Non, (　　　　　　　　　　).
4. Elles embrassent les enfants ?　　　— Oui, (　　　　　　　　　　).
5. Vous pouvez acheter ce livre ?　　　— Oui, (　　　　　　　　　　).
6. Tu dois faire ces exercices ?　　　　— Non, (　　　　　　　　　　).

3 次の質問文に, 指示に従い補語人称代名詞を使って答えなさい. 過去分詞の一致に注意しなさい.
Répondez aux questions en utilisant des pronoms compléments d'objet direct et indirect. Attention à l'accord du participe passé ! 🎧**25**

ex. Il a organisé cette fête ?　　　　　— Oui, il l'a organisée.

1. Tu as distribué les invitations ?　　— Non, (　　　　　　　　　　).
2. Ils ont invité tous les voisins ?　　— Oui, (　　　　　　　　　　).
3. Tu as pris cette photo de la fête ?　— Oui, (　　　　　　　　　　).
4. Les adultes ont parlé aux enfants ?　— Oui, (　　　　　　　　　　).
5. Vous avez téléphoné au journaliste ?　— Non, (　　　　　　　　　　).
6. Vous avez vu les photos de la fête dans le journal ?

　　　　　　　　　　　　　　　　　　— Non, (　　　　　　　　　　).

4 (　　) 内を聞き取り書き入れなさい. Dictée. 🎧**26**

Cette année, à la fin du (　　　　　　) et pour la première (　　　　　) dans mon quartier, on a organisé la fête des (　　　　　　). Cela existe depuis (　　　　) en France. Un habitant de la rue a distribué des invitations dans les (　　　　　) à lettres et le (　　　　　) de la fête, chaque famille a apporté une table, des (　　　　　) et un petit pique-nique. On a partagé un moment (　　　　　) ! Et (　　　　), (　　　　　) se sont rencontrés et se sont parlé !

＊チェックポイント：複母音字を含む単語は正確に書けたかチェックしましょう.

Documents

La Fête des Voisins a 20 ans !

Le Vendredi 24 mai 2019, la Fête des Voisins a célébré son vingtième anniversaire ! Si le principe n'a pas changé depuis deux décennies, cet événement a pris de l'ampleur. L'an dernier, 9 millions de Français ont participé, dans une rue, une cour d'immeuble ou un appartement, à ces apéritifs et buffets amicaux. Des rendez-vous citoyens présentés comme une solution contre la solitude.

Le principe ?

Pour réagir à l'indifférence et la solitude, quoi de mieux que d'inciter les gens à se rencontrer, à créer des occasions de mieux vivre ensemble ? C'est ce que propose l'association Immeubles en fête.

C'est simple ! Je vais à la mairie de ma ville chercher des affiches et des cartes d'invitation, et je les dépose dans la boîte à lettres de mes voisins d'immeuble, de rue, pour se retrouver autour d'un verre ou d'un buffet garni de ce que chacun apporte. Cette fête permet de construire un quartier plus convivial et solidaire en invitant nos voisins dans nos jardins, nos cours et nos rues.

フランス語の履歴書です．内容を見てから，自分の履歴書も作成してみましょう．
Regardez le Curriculum Vitæ suivant puis faites le vôtre sur le même modèle.

Curriculum Vitæ

Nom et prénom :   SABLIN Laurène
Sexe :   Féminin
Date et lieu de naissance : le 25 janvier 1996, à Angers France
Situation de famille :   célibataire
Nationalité :   française
Adresse :   4, rue des Fleurs 49000 Angers
Téléphone :   02-41-67-89-52
Adresse électronique :   sablin.laurene@com.fr

Études

2018-2019 :   Formation d'interprète Master 1
              (Université Catholique de l'Ouest – Angers, France)
2017-2018 :   Licence de langues étrangères
              (Université Catholique de l'Ouest – Angers, France)
2016-2017 :   D.E.U.G. de langues étrangères
              (Université Catholique de l'Ouest – Angers, France)
2015-2016 :   Baccalauréat (Lycée Mongazon – Angers, France)

Langues parlées

Espagnol et anglais (parlés et écrits couramment)
Chinois (communication simple)
Allemand (communication simple)

Expérience professionnelle

juillet – août 2019 : Animatrice dans un centre de vacances (Malaga, Espagne)
2016 : Employée à la réception d'un hôtel le week-end (Angers, France)
2013 – 2016 : Garde d'enfants à domicile (Angers, France)
2012 : Animatrice dans un centre de loisirs pour enfants pendant les congés
       scolaires (La Baule, France)

Poste souhaité

Animatrice ou réceptionniste dans un hôtel international en juillet - août 2020.

Divers

Titulaire du permis de conduire B

1   以下の文にはレストランでの会話と旅行社での会話の２つが混ざっています．文章を選んで，それ
    ぞれの場所での会話を書いてみましょう．

    Voici deux dialogues mélangés. Un au restaurant et l'autre dans une agence de voyages. Classez les
    éléments pour reconstruire les deux dialogues.

    1. Bonjour, Monsieur. Vous voulez un apéritif ?

    2. Bonjour, Madame.

    3. Oui, pour quand ?

    4. Voilà. Voici le menu.

    5. C'est parfait. Je vais faire la réservation tout de suite.

    6. Très bien, Monsieur. C'est entendu.

    7. Alors, en juillet, nous avons deux semaines au bord de l'océan Pacifique pour 2 140
       euros par personne.

    8. Bien, Monsieur. Et comme dessert ?

    9. Du 15 au 30 juillet, au bord de la mer.

    10. Une mousse au chocolat. Et comme boisson, de l'eau.

    11. Bonjour. Je voudrais réserver un voyage au Mexique.

    12. Oui, un kir, s'il vous plaît.

    13. Merci. Alors, je vais prendre une assiette de crudités et du thon à la tomate.

Au restaurant

— Bonjour, Monsieur. Vous voulez un apéritif ?

—

—

—

—

—

—

Dans une agence de voyages

— Bonjour, Madame.

—

—

—

—

—

2 次の食品に関する単語を 4 つのカテゴリーに分けて書いてみましょう.
Classez les aliments suivants en fonction de leur famille : viandes, légumes, fruits, produits laitiers.

agneau — ananas — aubergine — banane — beurre — bœuf — céleri — cerise — chou — concombre — courgette — crème fraîche — dinde — fraise — fromage — haricot vert — lait — lapin — nectarine — pamplemousse — poire — poivron — pomme — porc — poulet — raisin — veau — yaourt

Viandes	Légumes	Fruits	Produits laitiers

3 18 頁, 4 課の fêtes についての 5 人の感想を聞いて, 下の表に記入しなさい. 🎧 **20**
Écoutez les témoignages de la leçon 4 sur les fêtes et complétez le tableau suivant pour classer les genres de fêtes.

Nom	Âge	Fête civile	Fête religieuse	Fête familiale	Fête entre amis
Sandrine					
Marc					
Amandine					
Alexis					
Renée					

4 22 頁の記事を日本語に訳しなさい. Traduisez le texte de la page 22 en japonais.

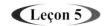

Florence écrit un courriel à son amie Yukiko. ∩27

Chère Yukiko,

Je sais que tu souhaites venir en France depuis longtemps. Cet été, je vais avoir presque trois mois de vacances avant la rentrée universitaire, alors je t'invite à venir me rendre visite. Ce sera une bonne occasion de voyager ensemble en France. Tu sais, dans toutes les régions, il y a beaucoup plus de manifestations culturelles en été qu'en hiver. Dans l'ouest, par exemple, il y aura le festival des Francofolies* à La Rochelle. Ce sera le meilleur moyen pour toi de découvrir des chanteurs francophones. En juillet, ce sera aussi le moment du Festival d'Anjou avec, tous les jours, des pièces de théâtre dans les plus beaux monuments de la région d'Angers. C'est vraiment magnifique ! Dans le sud de la France, on pourra assister à de nombreux spectacles de danse, musique, théâtre... En septembre, on profitera de l'occasion des Journées du Patrimoine pour découvrir les monuments et les musées. Comme chaque année, partout en France, de nombreux monuments ou musées ouvriront leurs portes gratuitement, le temps d'un week-end, pour faire connaître les richesses d'une ville ou d'une région. Dans les Pays de la Loire, par exemple, des milliers de visiteurs, comme nous, envahiront les châteaux, musées, églises et autres bâtiments...

Ça t'intéresse ? Alors, j'espère que tu vas vite choisir une date et que tu resteras assez longtemps pour pouvoir voyager avec moi ! Et puis, comme ça, quand tu rentreras au Japon, tu auras appris plein de nouvelles choses sur la France !

Amitiés,

Florence

---

* Francofolies : C'est un festival de la chanson francophone qui a lieu pendant une semaine au mois de juillet à La Rochelle.

Répondez aux questions suivantes sur le texte. ∩28

1. Combien de temps est-ce que Florence va être en vacances ?
2. Qu'est-ce que Florence et Yukiko vont faire ensemble ?
3. Comment s'appelle le festival de La Rochelle ?
4. Pourquoi est-ce que ce festival sera intéressant pour Yukiko ?
5. Quelle est la particularité du festival d'Anjou ?
6. En septembre, qu'est-ce qu'on peut découvrir à l'occasion des Journées du Patrimoine ?

Documents

Expressions

提案する　Proposer 🎧29

— Je te propose d'aller au cinéma.　　　　　　映画に行きませんか.

— Est-ce que tu veux venir dîner à la maison ?　家に夕食に来ませんか.

— Ça te dit d'aller à la campagne ce week-end ?　今週末田舎に行きませんか.

— Aimeriez-vous dîner avec moi ?　　　　　　一緒に夕食はいかがですか.

— J'aimerais vous inviter à dîner ce soir.　　　今晩夕食に招待したいのですが.

— Si nous allions déjeuner ?　　　　　　　　一緒に昼食をしませんか.

— Laissez-moi vous aider à porter vos bagages.　荷物をお持ちしましょうか.

受け入れる　Accepter 🎧30

— Avec plaisir.　　　　　　　　　　　　　　喜んで.

— C'est une bonne idée.　　　　　　　　　　いい考えですね.

— Excellente idée !　　　　　　　　　　　　すばらしい考えですね.

— Merci beaucoup, c'est très gentil à vous.　　ありがとうございます. ご親切に.

— Merci, cela me ferait un grand plaisir.　　　とても嬉しいです.

— Nous sommes heureux d'accepter votre proposition.　喜んでお受けします.

断る　Refuser 🎧31

— Je suis désolé(e).　　　　　　　　　　　すみません.

— Je ne peux pas. Je dois travailler.　　　　できません. 仕事があります.

— Je ne suis pas libre. Je suis occupé(e).　あいていません. ふさがっています.

— Merci beaucoup, mais je suis un peu　　　ありがとうございます. でも少し疲れているので, 休み
　 fatigué(e) et j'aimerais me reposer.　　　たいです.

Grammaire

1　直説法単純未来　Le futur simple

1）形：活用語尾　**-rai, -ras, -ra, -rons, -rez, -ront**

 a. **inviter** j' inviterai tu inviteras il invitera nous inviterons vous inviterez ils inviteront

 b. **appeler** j'appellerai tu appelleras il appellera nous appellerons...

 c. **être** je serai tu seras il sera nous serons vous serez ils seront

 d. **avoir** j'aurai tu auras il aura nous aurons vous aurez ils auront

語幹：原則はa.の様に，不定詞からr(re)をとりのぞいたものだが，b.のように直説法現在の活用から作られるものもある．c., d.のように，語幹の不規則なものがある．
不規則な動詞はよく使われる動詞なので，覚えておきたい．

aller — j'*i*rai envoyer — j'*enver*rai faire — je *fe*rai falloir — il *faud*ra
pouvoir — je *pour*rai savoir — je *sau*rai venir — je *viend*rai voir — je *ver*rai

2）用法：

 a. 未来における行為，状態，予定を表す．

  Je viendrai avec toi au festival de musique.
  Il neigera demain.

 b. 2人称が主語のときは，軽い命令を表す用法がある．

  Tu achèteras le pain pour ce soir.
  Tu fermeras bien les fenêtres avant de partir.

2　直説法前未来　Le futur antérieur

1）形：　**avoir** または **être** の直説法単純未来＋過去分詞

j'aurai fini tu auras fini il aura fini nous aurons fini...
je serai allé(e) tu seras allé(e) il sera allé elle sera allée...

2）用法：未来のある時点よりも前に終わっている行為または出来事を表す．完了の意味がある．

Je te prêterai ce livre quand j'aurai fini de le lire.

3　比較級と最上級　Le comparatif et le superlatif

1）比較級 優等比較級：　**plus**
    同等比較級：　**aussi**　＋形容詞・副詞＋ **que**
    劣等比較級：　**moins**

En été, le jour est plus long en France qu'au Japon.

＊名詞の分量を比較するときは名詞の前に de が入り，aussi は autant になる．

Il y a plus de manifestations culturelles en été qu'en hiver.

＊特殊な優等比較級を持つ形容詞・副詞：bon — meilleur　bien — mieux

2）最上級 定冠詞 (le / la / les) ＋ **plus (moins)** ＋形容詞＋ **de**
    定冠詞 (le)   ＋ **plus (moins)** ＋副　詞＋ **de**

Exercices

1 （　　）内の動詞を単純未来に活用させなさい．Mettez les phrases suivantes au futur simple. 🎧**32**

　1. Quand vous (revenir) de votre voyage, je (regarder) vos photos.

　2. Dimanche prochain, nous (aller) aux Journées du Patrimoine.

　3. Tu (penser) à téléphoner à ta grand-mère pour son anniversaire.

　4. Ils (étudier) le français en France l'année prochaine.

　5. Tu (sortir) la poubelle demain matin.

　6. Vous (prendre) ce médicament tous les matins.

2 （　　）内の動詞を前未来にしなさい．Mettez les verbes entre parenthèses au futur antérieur. 🎧**33**

　1. Quand tu arriveras, j'(finir) mes devoirs.

　2. Quand vous (manger), vous rangerez la cuisine.

　3. Quand elle (prendre) sa décision, elle écrira à son amie.

　4. Quand nous (faire) les courses, nous rentrerons à la maison.

　5. Quand elles (partir), nous irons dormir.

　6. Quand je partirai à la retraite, j'(travailler) 42 ans.

3　例に従い，次の２つの物を比較して文を作りなさい．
　Faites des phrases pour comparer les éléments suivants. 🎧**34**

　ex. Le musée du Louvre / Le musée d'Orsay — grand (＋)
　　　Le musée du Louvre est plus grand que le musée d'Orsay.

　1. Les Italiens / Les Français — boire du café (＋)

　2. Les femmes / les hommes — fumer (＝)

　3. La vie en province / la vie à Paris — fatigante (－)

　4. Le riz au Japon / le riz en France — bon (＋)

　5. Les festivals du nord de la France / les festivals du sud — beaux (＝)

　6. Les vacances en France / les vacances au Japon — longues (＋)

4　26頁のフロランスのメールへの由紀子の返事の文章です．（　　）内を書き取りなさい．Dictée. 🎧**35**

Chère Florence,

Merci beaucoup de ton (　　　　　　　)！ Tu sais que j'adore la France et sa culture, alors j'ai vraiment (　　　　　　) de venir en (　　　　　　) cet été. Les Francofolies, les Journées du Patrimoine, le (　　　　　　) d'Anjou, les spectacles dans le sud... Tu crois que nous (　　　　　　) voir tout ça ? Pour (　　　　　　), je ne sais pas encore si je (　　　　　　) venir, je dois gagner encore un peu (　　　　　　) pour réussir à payer mon voyage. Je te donnerai ma (　　　　　　) dans un mois. Ça va comme ça ? Mais j'espère (　　　　　　)！

Merci beaucoup.

Amitiés,

Yukiko

＊チェックポイント：鼻母音と綴り字の関係をチェックしましょう．またｂとｖの音にも注意しましょう．

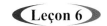

Les Français et la nature 🎧36

Autrefois, on vivait beaucoup à la campagne. On habitait dans une maison, on avait un jardin où on cultivait des fruits, des légumes, des fleurs. Les gens travaillaient très dur à la ferme ou dans les champs et ils se déplaçaient à vélo. Ils n'avaient pas beaucoup de loisirs. Les gens qui habitaient dans les villes faisaient des promenades et des pique-niques au bord des rivières le week-end pour se reposer de leur semaine de travail.

Avec la vie moderne et le développement des villes, il est parfois difficile de retrouver le contact avec la nature. Pourtant, depuis quelques années, beaucoup de Français cherchent à développer chez eux, sur un balcon ou dans un jardin derrière la maison, un petit coin de campagne dont ils sont fiers. Aujourd'hui, 89% des familles françaises jardinent dans un jardin, sur une terrasse ou un balcon ! Et elles dépensent environ 8 milliards d'euros par an pour les plantes et les fleurs qu'elles achètent surtout dans les jardineries ! Les jardineries, ce sont des supermarchés spécialisés dans le jardinage qui sont ouverts même le dimanche. Ces magasins se développent et font partie des sorties préférées du week-end. Tout le monde peut aussi profiter des nombreux parcs et jardins qui sont ouverts au public toute l'année.

Répondez aux questions suivantes sur le texte. 🎧37

1. Autrefois, où est-ce que beaucoup de gens vivaient ?
2. Est-ce qu'ils habitaient dans un appartement ?
3. Qu'est-ce que les gens des villes faisaient le week-end ?
4. Comment est-ce que 89% des familles françaises retrouvent le contact avec la nature ?
5. Où est-ce qu'elles achètent des plantes et des fleurs ?
6. De quoi tout le monde peut-il profiter toute l'année ?

Documents

HORAIRES

**Ouvert toute l'année
sauf en Janvier - Fermeture
hebdomadaire les mardis.**
Horaires hiver : d'octobre à fin mars
9h30 - 12h   14h - 18h
les dimanches : 12h - 18h
Horaires saison : d'avril à fin septembre
10h - 19h en continu sauf les mardis
Horaires août : ouvert 7 jours/7 de 10h à 20h

CAFETERIA & Restauration groupes
JARDINERIE & Vente de Plantes
ACCUEIL ENFANTS : Aire de Jeux +
Parcours Découverte.

Implanté dans un domaine arboré et doucement vallonné sur 18 hectares, le parc FLORENIA propose une promenade de 2h au gré de ses sous bois d'azalées et d'hortensias, en passant par son Jardin de Curé, savoureux mélange de plantes aromatiques et médicinales, ses Jardins en Terrasses dédiés à une végétation méditerranéenne, les belvédères, point panoramique du parc depuis lesquels s'offrent au regard l'Etang du Lotus et les Jeux d'Eau.Passerelles de bois et un parcours piétonnier guident les pas pour une promenade fluide et accessible à tous.

Vocabulaire

庭に関する単語

名詞　Les noms

l'arrosoir　じょうろ	l'engrais　肥料	l'entretien　手入れ
les ciseaux　はさみ	les gants de jardin　庭用手袋	la serre　温室
le tuyau d'arrosage　散水ホース		
l'arbuste　小潅木	le bourgeon　植物の芽	la floraison　開花
l'azalée　ツツジ	le camélia　椿	l'hortensia　アジサイ
la plante aromatique　芳香を放つ植物	le rosier　バラの木（-ier：木を表す接尾辞）	
la tige　茎, 苗木	la végétation　（集合的に）植物	

動詞　Les verbes

arracher les mauvaises herbes　雑草を抜く	arroser les fleurs　花に水をやる
creuser　（地面・穴などを）掘る	ramasser des feuilles mortes　枯葉を集める
planter　植える	récolter　収穫する
semer des graines　種をまく	tailler les rosiers　バラの木を切り整える

Grammaire

1 直説法半過去 L'imparfait de l'indicatif

1）形

活用語尾：**-ais -ais -ait -ions -iez -aient**
語幹：直説法現在1人称複数から語尾の -ons を取り除いたもの

Nous **finiss**ons → je **finiss**ais　　例外 être のみ：j'**ét**ais

2）用法

a. 過去において継続している動作，状態

Il marchait dans la rue, il faisait très froid.

b. 過去における習慣

Quand j'habitais en France, je mangeais un croissant tous les matins.

c. 提案，誘いを表す：Si ＋直説法半過去

Si on faisait un pique-nique demain ?

d. 過去における現在：複文で主節が過去時制の場合，時制の一致で現在は半過去で表される．

Il m'a annoncé qu'il partait au Japon.
Il m'a annoncé : « Je pars au Japon. »

2 関係代名詞（1） Les pronoms relatifs (1) : qui, que, où, dont

1）**qui**：主語，先行詞は人または物

Je reçois un ami qui arrive d'Italie.
Je reçois un magazine qui est passionnant.

2）**que**：直接目的語，先行詞は人または物

Le professeur que vous avez est très gentil.
Le film que j'ai vu était très amusant.

3）**où**：先行詞は場所と時

C'est un jardin où je me promenais très souvent.
Je me souviens très bien du jour où je suis arrivé en France.

cf. d'où : La région d'où je viens est ensoleillée.

4）**dont**：前置詞 de を含む：先行詞は人または物

Je cherche un livre dont j'ai oublié le titre.
Voilà le livre dont je t'ai parlé.

＊前置詞 de をとる動詞（句）を覚えていこう．

parler de, se souvenir de, s'occuper de, avoir besoin de, être fier de

Exercices

1 （　　　）内の動詞を半過去にしなさい．Mettez les verbes entre parenthèses à l'imparfait. 🎧**38**

　　1. Autrefois, on (aller) plus souvent au cinéma.

　　2. Autrefois, nous (faire) les courses tous les jours au marché.

　　3. Autrefois, les enfants (travailler) souvent avec leurs parents.

　　4. Autrefois, je (se déplacer) souvent à vélo.

　　5. Autrefois, vous ne (voyager) pas en avion.

　　6. Autrefois, on (se chauffer) au bois et au charbon.

　　7. Autrefois, je ne (regarder) pas la télé, je (lire) beaucoup.

2 関係代名詞 qui か que を入れなさい．Complétez ces phrases avec qui ou que. 🎧**39**

　　1. La rose est une fleur (　　　　) sent très bon.

　　2. La rose est la fleur (　　　　) je préfère.

　　3. Le jardin (　　　　) tu as recommandé à tes amis est magnifique.

　　4. Le jardin (　　　　) est devant chez moi a des fleurs multicolores.

　　5. Le bouquet (　　　　) vous avez choisi coûte très cher !

　　6. La plante (　　　　) tu as offerte à ta mère est énorme.

3 関係代名詞 où か dont を入れなさい．Complétez ces phrases avec où et dont. 🎧**40**

　　1. Voici le monsieur (　　　　) je t'ai parlé.

　　2. Nantes, c'est la ville (　　　　) elle est née.

　　3. 1990, c'est l'année (　　　　) ils se sont mariés.

　　4. C'est une voiture (　　　　) il est très content.

　　5. J'ai lu un livre passionnant (　　　　) l'auteur est inconnu.

　　6. Une roseraie est un jardin (　　　　) il y a seulement des roses.

　　7. Elle a un balcon très fleuri (　　　　) elle s'occupe beaucoup.

　　8. Le 30 août, c'est le jour (　　　　) il est parti en France.

4 録音を聞いて質問に答えましょう．メモを取る練習もしましょう．🎧**41**
Écoutez cette conversation téléphonique et répondez aux questions.

　　1. Quel jour le parc Florenia est-il fermé ?

　　2. Quels mois le parc Florenia est-il fermé ?

　　3. Quels sont les horaires d'ouverture en hiver ?

　　4. Quels sont les horaires d'ouverture en été ?

　　5. Est-ce qu'on peut déjeuner sur place ?

　　6. Est-ce qu'on peut faire la visite à vélo ?

　　7. Quels sont les tarifs ?

La journée sans voitures 🎧42

Journaliste 1 :	Samedi dernier, comme chaque année à l'occasion de la journée sans voitures, beaucoup de villes ont mis à la disposition de leurs habitants plus de moyens de transports publics et de vélos pour aller au centre-ville, dont tous les accès étaient interdits aux voitures. Écoutez les différentes réactions des personnes interrogées.
M. Leroy :	Ce n'est pas pratique. Je déteste prendre le bus. Il y a trop de monde. J'ai préféré rester chez moi et attendre la semaine prochaine pour aller en ville.
Journaliste 1 :	Mais vous pouviez y aller à vélo ou à pied.
M. Leroy :	À pied, ce n'est pas possible, car j'habite trop loin du centre. Et le vélo, je pense que c'est mieux pour faire une promenade dans la campagne, sinon, c'est trop dangereux. Franchement, c'est ridicule de priver les gens de leur voiture pour une journée. Ce n'est pas la meilleure solution pour lutter contre la pollution.
Journaliste 2 :	Et vous, Madame, que pensez-vous de cette initiative ?
Mme Girardot :	Pour moi, c'était formidable ! Je ne prends jamais ma voiture pour aller dans le centre. C'est trop difficile de trouver une place de stationnement ! Je la prends uniquement pour aller au supermarché. Sinon, je me déplace à pied, c'est bon pour la santé et on dort mieux ! Samedi, je suis allée faire du shopping. Il n'y avait aucune voiture dans le centre puisqu'on avait fermé tous les accès aux voitures. Ah ! C'était merveilleux ! Je rêve de 52 samedis sans voitures par an ! Mais je sais que c'est difficile pour les personnes qui travaillent...
Journaliste 2 :	Vous avez raison. Mais pour continuer à diminuer le nombre de voitures en ville, pourquoi ne pas essayer d'utiliser le covoiturage* ? C'est peut-être moins difficile de trouver un voisin ou un ami qui partage sa voiture avec vous plutôt qu'une place de parking en ville. Et pour les trajets plus longs, on peut utiliser Blablacar aussi ! C'est très simple et très sûr !
Mme Girardot :	C'est vrai.

*covoiturage : utlisation d'une même voiture particulière (d'un particulier) par plusieurs personnes qui font un même trajet.

Répondez aux questions suivantes sur le texte. 🎧43

1. Samedi dernier, qu'est-ce que beaucoup de villes ont mis à la disposition de leurs habitants ?
2. À quelle occasion ont-elles fait cela ?
3. Est-ce qu'on pouvait aller en voiture dans le centre-ville ?
4. Est-ce que Monsieur Leroy a pris le bus ?
5. Qu'en pense Madame Girardot ? Est-ce qu'elle est sortie samedi ?
6. Quelle solution propose le journaliste pour continuer à diminuer le nombre de voitures en ville ?

Semaine européenne de la mobilité
→ du 16 au 22 septembre 2005
BOUGEONS autrement !

Expressions

賛成・反対を言う表現　🎧44

D'accord	Pas d'accord.
C'est bien mon avis.	Ce n'est pas mon avis.
C'est vrai.	Je ne suis pas du tout d'accord.
Je partage votre opinion.	Je ne suis pas tout à fait d'accord.
Je pense la même chose que vous.	Je pense exactement le contraire.
Je suis bien de votre avis.	Je suis contre ce projet.
Je suis tout à fait d'accord avec vous.	Je suis plus ou moins d'accord.
Vous avez raison.	

1　複合過去と半過去　Le passé composé et l'imparfait

複合過去は行為が一時的，または出来事を事実として述べるのに対し，半過去は行為の継続した状態，またはその時の状態を描写するときに用いる．

Il se promenait dans la campagne quand la pluie a commencé à tomber.

Nous mangions notre dessert quand notre voisin a sonné à la porte.

Le magasin était fermé, je n'ai pas pu acheter de cartes de vœux.

Nous allions sortir, mais nous avons eu une visite inattendue.

Il venait de rentrer, quand son directeur lui a téléphoné.

2　直説法大過去　Le plus-que-parfait de l'indicatif

1）　形：　助動詞 avoir または être の直説法半過去＋過去分詞

　　　J'avais vendu ma voiture.

　　　J'étais parti(e).

2）　用法：

　　a.　過去のある時点より前に完了している行為，状態を表す．

　　　Il a posté la lettre qu'il avait écrite la veille.

　　b.　過去における過去

　　　Il nous a dit qu'il avait vendu sa voiture.

　　　(Il nous a dit : « J'ai vendu ma voiture. »)

Lecture

動詞の時制に注意して読んでみましょう． 🎧45

Hier matin, Monsieur Leroy était de mauvaise humeur. En effet, il n'avait pas bien dormi pendant la nuit. Il s'est pourtant levé à sept heures, il s'est préparé et il est sorti vers huit heures pour prendre sa voiture au garage. Il pleuvait beaucoup et il faisait très froid. Monsieur Leroy avait encore envie de dormir et il était en retard. Il est monté dans sa voiture et il est parti au travail. Il y avait beaucoup de circulation et d'embouteillages, car tout le monde avait pris sa voiture à cause de la pluie. Finalement, il est arrivé une heure en retard à son bureau. Là, il a vu qu'il avait un message sur son téléphone portable : en partant, il avait oublié d'aller chercher son collègue chez lui pour l'emmener au travail avec lui dans sa voiture ! Celui-ci était furieux, car il l'avait attendu pendant une heure !

Exercices

1　（　　）内の動詞を半過去か複合過去にしなさい. 🎧46
　　Mettez les verbes entre parenthèses au passé composé ou à l'imparfait de l'indicatif.

1. Tous les matins, elle (aller) en voiture à son bureau, mais ce jour-là, elle (prendre) le bus.
2. Samedi dernier, il n'y (avoir) pas de voitures dans les rues du centre, alors, je (faire) du shopping tout l'après-midi.
3. Il (être) trois heures du matin quand elle (se réveiller).
4. Vous (boire) tout le café qui (rester) dans la cuisine ?
5. Nous (acheter) le cadeau dont vous (rêver).
6. Hier, il (faire) nuit quand ils (quitter) la maison.

2　（　　）内の動詞を大過去にしなさい. 🎧47
　　Mettez les verbes entre parenthèses au plus-que-parfait de l'indicatif.

1. Je ne savais pas que vous (vendre) votre voiture.
2. Nous avons reçu le paquet que vous (envoyer) le mois dernier.
3. Nous avons lu le livre dont vous nous (parler).
4. À Paris, j'ai retrouvé des amis qui (partir) une semaine avant moi.
5. Ils ont invité des amies japonaises qui (venir) déjà en France en 2011.
6. Vous avez retrouvé les clés que vous (perdre) ?

3　（　　）内に下記の単語を入れて文を完成させなさい. 🎧48
　　Regardez ce texte et complétez-le avec des mots nouveaux de la leçon.

Hier, c'était la journée sans voitures. Comme beaucoup de villes, Angers avait mis à la (　　　　　　　) de ses habitants plus de (　　　　　　　) de transports publics, comme le bus, ainsi que des vélos pour aller dans le centre-ville. (　　　　　　) étaient très contents car ils ont pu aller faire des courses sans avoir à chercher de place de (　　　　　　). Pour eux, se déplacer à pied ou à vélo est bon pour la santé. D'autres ont pensé que ce n'était pas (　　　　　　　). Ils détestent le bus et ils pensent que le vélo en ville, c'est trop (　　　　　　　). Ils disent aussi que c'est (　　　　　　　) de (　　　　　　) les gens de leur voiture un seul jour par an. Pour vraiment lutter contre la (　　　　　　), pourquoi ne pas développer le (　　　　　　) ?

certains	covoiturage	dangereux	disposition	moyens
pollution	pratique	priver	ridicule	stationnement

Documents

Angers

Samedi 17 septembre

Quartier La Fayette

Château du Pin
(Galerie Sonore et extérieurs)
1, rue du Pin - Ouvert de 10 h
à 12 h et de 14 h à 17 h 30.
Visites guidées toutes les 30 mn.
A 11 h et 15 h : interventions musicales
de l'association Musique et Mouvement.

Centre ville

Jardin du Mail – kiosque
Boulevard de la Résistance
et de la Déportation
A 17 h : concert de jazz proposé
par le big band de l'Orchestre
d'Harmonie de la Ville d'Angers.

**Hôtels de Livois
et Lancreau**
14, rue Pocquet-de-Livonnières
Visite libre de 10 h à 12 h
et de 14 h à 18 h.
Présentation de leurs activités par les
associations occupantes.

Quartier de la Doutre

Hôtel d'Andigné (extérieurs)
5 bis, rue de la Harpe
Visite libre de 14 h à 18 h.

Dimanche 18 septembre

Centre ville

Abbaye Saint-Aubin
(Préfecture de Maine-et-Loire et Conseil
général)
Place Michel-Debré
Ouverte de 10 h à 18 h pour une partie de
l'édifice.

Église Saint-Joseph
Rue des Arènes
A 16 h 30 : audition d'orgue avec
la participation des élèves du
Conservatoire national de
région.

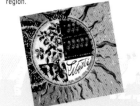

NOTRE PATRIMOINE, NOTRE HISTOIRE

Cette année, les Journées européennes du patrimoine fêtent leurs 35 ans.

Depuis 1984, cette manifestation connaît un succès qui va grandissant. Au fil du temps, elle est devenue l'un des événements culturels incontournables de la rentrée.

L'an dernier, 95 000 Angevins ont été comptabilisés sur les différents lieux de visite et d'animations ouverts sur notre territoire, dont plus de 25 000 pour les seuls musées et le château d'Angers.

L'engouement des Français pour les Journées du patrimoine prouve à quel point ils sont attachés à l'histoire de leur pays, de leur région, de leur département et, bien entendu, de leur ville.

Les organisateurs ont choisi le thème « Arts et divertissements » comme support à la 36e édition de ces journées, programmées dans une cinquantaine de pays européens les 21 et 22 septembre 2019.

La thématique est originale, elle est la bienvenue. Elle doit nous permettre de découvrir ou de redécouvrir une autre facette de notre patrimoine, souvent méconnue mais riche et passionnante.

Les pages qui suivent vous donneront un aperçu de la richesse du programme proposé à Angers et dans son agglomération. Les outils numériques dédiés à cet événement vous aideront à dessiner vos déambulations patrimoniales.

Cette année encore, ces Journées du patrimoine seront l'occasion de découvrir de nombreux sites à vocation sportive, notamment la nouvelle patinoire que nous inaugurons en ce mois de septembre.

Il me semble primordial de mettre en valeur des réalisations locales qui, bien plus qu'un aménagement de notre cité, sont le patrimoine de demain.

Bonnes visites, bonnes découvertes.

CHRISTOPHE
BÉCHU

**Maire d'Angers
Président d'Angers
Loire Métropole**

1 26 頁，5 課のフロランスのメールに a. 招待を受ける場合 b. 招待を断る場合の返事を書いてみまし ょう．Vous êtes Yukiko et vous répondez au courriel de Florence.

a. Vous acceptez l'invitation.

b. vous refusez l'invitation.

2 アンジェの町での 9 月 17 日の催し案内を見て，下の問いに答えなさい．
Regardez ce programme d'activités pour le samedi 17 septembre à Angers et répondez aux questions.

Samedi 17 septembre

- **Exposition « Tramway, le centre de maintenance »**
  → Grand Théâtre (Ralliement), de 12h à 19h *Angers Loire Métropole*

- **Animation autour du Mobilo'pole**
  → Grand Théâtre (Ralliement), de 12h à 19h
  Les Petits Débrouillards, Angers Loire Métropole

- **Parcours d'accessibilité organisé pour les personnes handicapées. Ouvert à tous.**
  → Départ rue Cézanne, Quartier des Justices
  de 10h à 11h30. *Comité de Liaison des Handicapés, Ville d'Angers*

- **Opération marquage antivol de vélos** (identification avec numéro)
  → Place Mondain Chanlouineau (Centre commercial Fleur d'Eau)
  de 14h à 18h *Association des Usagers du Vélo Angevins (AUVA)*

JOURNÉES DU PATRIMOINE
Samedi 17 et dimanche 18 septembre

1. Que se passera-t-il pour les personnes handicapées ?
2. Qu'en pensez-vous ?

3 内容聞き取りの問題です．3 人の人が車の相乗りについてそれぞれの意見を述べています．録音を 聞いて，下の表に彼らの意見が賛成か反対かそのどちらでもないかを×で記しなさい．🎧49
Compréhension orale : écoutez ces trois personnes qui donnent leur avis sur le covoiturage et complétez le tableau.

	Pour	Contre	Ne se prononce pas
1			
2			
3			

Lisez l'article suivant et répondez aux questions.

Vélocité

« Vélocité », service de prêt gratuit de vélos a ouvert ses portes lors de la semaine européenne de la mobilité et du transport public 2004. Son but : présenter aux Angevins une alternative à l'automobile pour leurs déplacements quotidiens. Quinze ans après son ouverture, c'est l'heure d'un bilan.

Cette opération est toujours un véritable succès : acquisitions de vélos supplémentaires, renouvellements de contrats, nombre de vélos empruntés, fréquentation du lieu... Autant de preuves de la réussite de ce service !

3 000 vélos sont prêtés et il n'y a pas de délai d'attente. 20 à 80 personnes viennent chaque jour à Vélocité en fonction des saisons, septembre comptant plus d'affluence en raison de l'arrivée des étudiants. Les emprunteurs, salariés et demandeurs d'emploi, à part quasi égale avec les étudiants, louent un vélo (pour des petits trajets domicile-travail de moins de 5 kilomètres) en moyenne pour un an maximum. Les étudiants ont la possibilité d'en louer un pour deux ans.

Ce service, simple et pratique, continue à conquérir toutes les personnes résidant ou travaillant à Angers, en majorité des femmes de 20 à 24 ans et des étudiants.

1. Qu'est-ce que « Vélocité » ?
2. Depuis quand existe-t-il ?
3. Quel est son but ?
4. Combien de vélos est-ce qu'on a déjà prêtés ?
5. Est-ce qu'il faut attendre pour avoir un vélo ?
6. Combien de personnes par jour viennent à Vélocité pour demander un vélo ?
7. Qui loue ces vélos ?
8. Ils louent le vélo pour combien de temps et pour quels trajets ?
9. Dans quelle ville habitent et travaillent ces personnes qui utilisent ces vélos ?
10. Qui utilise le plus ces vélos ? Les hommes ou les femmes ? De quel âge ?

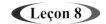
Temps libre et loisirs 🎧51

Tout le monde en France a rêvé un jour d'avoir du temps libre et s'est demandé : si j'avais plus de temps, qu'est-ce que je ferais ? Je voyagerais, je ferais du sport, je m'occuperais des personnes en difficulté et mes amis et moi, nous sortirions plus... Et bien voilà, c'est possible depuis janvier 2000, car la majorité des Français travaille 35 heures par semaine au lieu de 39 !

Comment occupent-ils ce nouveau temps libre ? Ils finissent souvent leur semaine de travail le vendredi midi ou la commencent le lundi après-midi. Voilà une demi-journée pendant laquelle beaucoup choisissent de bricoler à la maison (peindre, tapisser, décorer) ou de partir à la campagne ou au bord de la mer. Certains ont un jardin dans lequel ils vont travailler et se détendre. D'autres vont profiter de ce moment pour rencontrer leurs amis, rendre visite à leur famille ou tout simplement rester à la maison. Dans les villes, il y a la possibilité de participer à beaucoup d'activités différentes. Les Français s'inscrivent beaucoup dans des clubs de photo, poterie, art floral, chorale, dessin, peinture, guitare, théâtre, couture, œnologie, anglais, informatique, gymnastique, yoga, randonnées à pied et beaucoup d'autres encore !

Répondez aux questions suivantes sur le texte. 🎧52

1. En général, qu'est-ce que les Français feraient s'ils avaient plus de temps libre ?
2. Est-ce que les Français ont cette possibilité ? Depuis quand ?
3. Combien de temps par semaine est-ce que la majorité des Français travaille depuis cette date ?
4. Quand finissent-ils ou commencent-ils souvent leur semaine de travail ?
5. Qu'est-ce qu'ils font pendant cette demi-journée libre ?
6. Citez trois activités artistiques proposées par des clubs de loisirs dans les villes.

Documents

Anglais

Lieu : 86, rue Blaise-Pascal

Points grammaticaux et exercices d'application. Cours de conversation à partir de supports photographiques (les points de grammaire et de vocabulaire qui ont posé problème sont vus en fin de cours). Dictées en compréhension orale : travail de l'orthographe. Tests sur la grammaire et le vocabulaire. Oral, sketches mis au point par la classe (cours de mise en situation).

◆ Mardi : Faux Débutants : 20h30 - 21h30
◆ Initiés : 18h30 - 19h30
◆ Perfectionnement : 19h30 - 20h30
◆ Tarifs : 153 €
◆ Début des cours : le 27 septembre

Dessin, Peinture

Lieu : Salle de la Baraterie au 33, rue de la Baraterie

Approche et perfectionnement des techniques de dessin et peinture : Croquis modèle vivant (fusain-sanguine). Dessin d'observation, composition et mise en page.

Aquarelle, gouache, acrylique (pinceau et couteau). Pastels secs et à l'huile. Crayons aquarelles. Graphisme, encre de Chine. Papier découpé-déchiré et collé. Pour le perfectionnement de toutes techniques, matériel personnel souhaité.

◆ Lundi : 14h15 - 16h15
◆ Mardi : 19h - 20h30
◆ Tarifs : 1h30 179 € , 2h 241 €
◆ Début des cours : le 26 et 27 septembre

Gymnastique

lieu : Salle des Noisetiers

Dans une ambiance détendue et conviviale, chacun fait les exercices à son rythme. Aucun niveau par cours. De la tête aux pieds, toutes les parties du corps suivantes sont travaillées : abdominaux, fessiers, cuisses, bras-épaules, pectoraux, dorsaux, etc..., le tout sans douleur. Au programme : assouplissement, étirements abdominaux, musculation, relaxation, respiration.

◆ Lundi : 20h - 21h
◆ Mardi : 9h - 10h ou 18h30 - 19h30 ou 19h30 - 20h30
◆ Jeudi : 20h - 21h
◆ Tarifs : 122 €
◆ Début des cours : les 26 et 27 septembre

Œnologie

Lieu : Maison de Quartier St Léonard

À travers la diversité des vins français, étrangers, et de leurs saveurs gustatives... découvrir région par région les caractéristiques, les finesses, les élevages de chaque vin.

Au programme : 5 séances (Vallée du Rhône, Escapade en Corse, Rosés d'été...), 2 sorties dans les vignes et 1 repas accord mets-vins...

◆ 1 Jeudi ou 1 Mardi par mois 20h - 23h
◆ Dégustation de vin, visite de caves
◆ Tarifs : 125 €
◆ Début des cours : le 15 octobre (sortie)

Art floral

Découverte des bases de l'Art floral.

Approfondissement des lignes et actualisation de l'ensemble. Suivi des saisons et des évènements. Ebauche de la création.

Création : dans un climat de rencontre conviviale, après l'initiation, vous pouvez créer avec ce que vous êtes, ce que vous cueillerez, apporterez suivant le rythme des saisons et des thèmes.

◆ 2e Lundi : 10h - 12h - Saint Léonard
◆ 2e Lundi : 14h30 -16h30 - Le chêne Magique
◆ Tarifs : 218 € Fleurs comprises
◆ Début des cours : le 10 octobre

Yoga

Lieu : Salle des Noisetiers

Le cours commence par un moment de détente. Puis préparation physique et respiratoire. Réalisation de la posture (asana).

Compensation par une autre posture, Pranayamas (apprentissage de technique de souffle, contrôle de la respiration).

Bandhas (techniques de verrouillages pour conserver et utiliser nos réserves d'énergie).

Relaxation finale : apprendre à se concentrer pour acquérir un mieux-être physique et psychique.

Au cours des postures : étirements, assouplissements, et tonification musculaires avec progression tout au cours de l'année dans l'intensité de la posture.

◆ Lundi : 18h30 - 20h
◆ Jeudi : 16h30 -18h ou 18h30 - 20h
◆ Tarifs : 148 €
◆ Début des cours : les 26 et 29 septembre

Japonais

Découvrez la langue et la culture du Japon.

Au travers des différentes facettes de la culture japonaise (us et coutumes, fêtes traditionnelles, calligraphie, origami, musique, manga et autres arts), initiez-vous au japonais, tout en vous amusant !

Sourires et rires garantis !

lieu : Salle Saint Léonard

Vendredi : 18h30-19h45

Tarif : 150 €   20 séances

Grammaire

1 条件法 Le conditionnel

  1） 形：

    現在：| 直説法単純未来の語幹＋ r ＋半過去の語尾（**-rais, -rais, -rait, -rions, -riez, -raient**）

    bricoler : je bricolerais   avoir : j'aurais   être : je serais

    過去：| **avoir** または **être** の条件法現在＋過去分詞

    acheter : j'aurais acheté   aller : je serais allé(e)

  2） 用法：

    a. 現在または過去の事実に反する仮定に対し，主文でその起こりえた結果を表す．

      Si j'avais plus de temps, je ferais du sport.

      Si j'avais eu plus de temps, j'aurais fait du sport.

    b. 語調の緩和を表す．

      Je voudrais parler à Madame Dubois.

    c. 推測・疑惑を表す（特に報道などで断言を避けるために）．

      L'explosion serait due à une bombe.

    d. 従属節に用いられて時制の一致を表す．

      過去における未来   Il m'a dit qu'il m'enverrait une carte postale.

                             (Il m'a dit : « Je t'enverrai une carte postale. »)

      過去における前未来   Il m'a dit qu'il serait rentré avant midi.

                              (Il m'a dit : « Je serai rentré avant midi. »)

2 関係代名詞 (2)：前置詞を伴う場合 Les pronoms relatifs (2)

  1） 前置詞＋ qui：先行詞は人

    C'est la seule personne en qui je crois.

    C'est un professeur sur qui on peut compter.

  2） 前置詞＋ lequel (laquelle, lesquels, lesquelles)：先行詞は一般に物

    前置詞が à または de の場合は，以下のように複合形になるので注意すること．

    à＋lequel →**auquel**   à＋lesquels →**auxquels**   à＋lesquelles →**auxquelles**

    de＋lequel →**duquel**   de＋lesquels →**desquels**   de＋lesquelles →**desquelles**

    （à laquelle, de laquelle はそのまま）

    C'est un sujet auquel il faut penser maintenant.

    Dans son jardin, il y a un arbre à côté duquel il y a des fleurs.

    ＊前置詞 de を取る動詞（句）：rêver de, dépendre de, être sûr de, avoir peur de

      前置詞 à を取る動詞：parler à, penser à, plaire à, répondre à, téléphoner à

      その他の前置詞を取る動詞：commencer par, compter sur, croire en, donner sur

Exercices

1 例に従い( )内の動詞を条件法にして，丁寧な表現で言い換えましょう． 🎧53
   Transformez ces phrases en demande ou conseil polie.

   ex. Aide-moi ! (vouloir) → Voudrais-tu m'aider ?

   1. Rendez-moi ce service, s'il vous plaît !

                     → (Pouvoir)-vous me rendre ce service, s'il vous plaît ?

   2. Ne fumez pas ! → Vous ne (devoir) pas fumer.

   3. Je veux emprunter ta voiture ! → J'(aimer) emprunter ta voiture.

   4. Tu me prêtes 100 euros ? → Tu (accepter) de me prêter 100 euros ?

   5. Prends ce dictionnaire ! → Tu (devoir) prendre ce dictionnaire.

2 例に従いにSi ＋半過去，条件法現在の文に書き換えましょう． 🎧54
   Transformez ces phrases en utilisant si ＋ imparfait et le conditionnel présent.

   ex. Si elle trouve un bon travail, elle sera ravie !

      → Si elle trouvait un bon travail, elle serait ravie !

   1. Si vous venez à Paris en octobre, vous pourrez visiter le Salon du chocolat.

   2. Si tu arrives souvent en retard, tu perdras ton emploi.

   3. Si elle ne s'entraîne pas tous les jours, elle perdra la compétition.

   4. Si nous travaillons moins, nous irons plus souvent au bord de la mer.

   5. Si je réussis mon examen, je ferai une grande fête.

   6. S'il ne pleut plus, on sortira faire un pique-nique.

3 関係代名詞を用いて，以下の2つの文を1つにしなさい． 🎧55
   Reliez ces phrases en utilisant un pronom relatif composé.

   ex. C'est un ami. Je fais souvent du sport avec cet ami.

      → C'est un ami avec qui (avec lequel) je fais souvent du sport.

   1. C'est un livre ancien. Il tient beaucoup à ce livre.

   2. Voici un journal. Elle a lu un article intéressant dans ce journal.

   3. Voici la cathédrale. Ils habitent en face de cette cathédrale.

   4. Voici un collègue. Nous avons confiance en ce collègue.

   5. Voici mon amie japonaise. J'habite chez cette amie quand je voyage au Japon.

   6. Voici le château de Versailles. Il y a des jardins magnifiques autour de ce château.

4 留守電の録音を聞いて，次の問いに答えなさい． 🎧56
   Écoutez ce répondeur téléphonique et répondez aux questions.

   1. Quels jours les bureaux sont-ils ouverts ?

   2. À quelle heure les bureaux sont-ils ouverts ?

   3. Quels sont les jours et heures de cours pour les enfants ?

   4. Quels sont les jours et heures de cours pour les jeunes ?

   5. Quels sont les jours et heures de cours pour les adultes ?

   6. Quel est le prix de l'inscription pour les cours et pour combien de temps ?

Étranges personnages : les nains de jardins ⌂57

Mais qui sont donc ces petits personnages colorés qui apparaissent au printemps sur les pelouses des jardins français ? Ils prennent leur canne à pêche, leur petit panier ou leurs outils de jardin et s'installent parmi les fleurs jusqu'à l'arrivée de l'hiver. On les appelle les nains de jardins ! En plastique ou en céramique, ils mesurent environ 50 centimètres de hauteur et portent des vêtements aux couleurs vives. Le regard malicieux, les joues rondes et rouges, la barbe blanche et les sourcils épais, ils décorent les jardins ; et les passants s'arrêtent souvent pour les admirer et les photographier. Mais il faut que leurs propriétaires fassent attention ! Ces petits hommes, parfois véritables objets de collection, intéressent les voleurs et il arrive quelquefois qu'un groupe entier de nains de jardins disparaisse pendant la nuit. Les pauvres propriétaires font alors une déclaration au commissariat pour que la police les retrouve. Ce sont en effet de précieux compagnons pour leurs propriétaires.

Avez-vous vu le célèbre film « Le fabuleux destin d'Amélie Poulain » ?

Le père d'Amélie dont la femme est morte accidentellement, est devenu très triste et pessimiste et ne s'occupait plus que de son nain de jardin. C'est un élément important du film qui a un peu relancé la mode de ces personnages dans les jardins français.

Répondez aux questions suivantes sur le texte. ⌂58

1. Quand est-ce que les nains de jardins apparaissent sur les pelouses des jardins français ?
2. Comment sont-ils habillés ? Avec quels accessoires par exemple ?
3. Comment sont-ils ?
4. Pourquoi est-ce qu'il faut que leurs propriétaires fassent attention ?
5. Pourquoi est-ce que les propriétaires font alors une déclaration au commissariat ?
6. Pourquoi est-ce que le père d'Amélie Poulain est devenu très triste et pessimiste ?

---

100 nains de jardins regardaient l'autoroute

Les affaires de rapts de nains de jardins semblaient s'être calmées, ces derniers temps. Mais voilà qu'une centaine d'entre eux, apparemment volés, ont été retrouvés dans un parc public de Bron, dans la banlieue de Lyon. « Ils étaient tous tournés vers l'autoroute et regardaient passer les voitures », selon la police qui précise qu'aucune revendication ne lui est parvenue pour justifier ce rassemblement. Les personnes ayant eu à souffrir récemment de la disparition de ce type de petites statues décoratives sont invitées à se rendre au commissariat de Bron, pour tenter d'identifier leurs biens.

D'après l'article du journal Le Courrier de l'Ouest

Vocabulaire

性格・人柄を表す形容詞

agréable / aimable	— désagréable
amusant(e)	— ennuyeux(se)
attentif(ve)	— inattentif(ve) / distrait(e)
calme	— agité(e) / énervé(e)
charmant(e)	— déplaisant(e)
courageux(se)	— timide
généreux(se)	— radin(e) / égoïste
gai(e) / joyeux(se)	— triste
gentil(le)	— méchant(e)
intelligent(e)	— stupide / bête
optimiste	— pessimiste
ouvert(e)	— fermé(e)
patient(e)	— impatient(e)
prudent(e)	— imprudent(e)
simple	— compliqué(e)
sociable	— solitaire
souple	— têtu(e)
souriant(e)	— froid(e) / triste / fermé(e)
studieux(se) / travailleur (se)	— paresseux(se)
sympathique	— antipathique

Grammaire

1 接続法現在 Le présent du subjonctif

語尾は avoir, être を除き共通：**-e, -es, -e, -ions, -iez, -ent**

語幹は直説法現在 3 人称複数 ils の語幹と同じ場合が多い.

partir : ils *part*ent → que je *part*e, qu'ils *part*ent

＊ être, avoir および特殊な語幹を取る次の動詞は覚えよう.

être :　　que je sois, qu'il soit, que nous soyons, qu'ils soient

avoir :　　que j'aie, 　qu'il ait, 　que nous ayons, 　qu'ils aient

faire :　　que je *fasse*, que tu *fasse*s, 　que nous *fass*ions, 　que vous *fass*iez

pouvoir : que je *puisse*, que tu *puisse*s, que nous *puiss*ions, que vous *puiss*iez

savoir :　 que je *sache*, que tu *sache*s, 　que nous *sach*ions, 　que vous *sach*iez

＊ nous, vous の活用形では直説法半過去と同じになる動詞

venir :　 ils *vienn*ent → que je *vienn*e, que nous **ven**ions, que vous **ven**iez, qu'ils *vienn*ent

aller :　　que j'*aille*, que tu *aille*s, qu'il *aille*, que nous **all**ions, que vous **all**iez, qu'ils *aill*ent

vouloir : que je *veuille*, que tu *veuille*s, que nous **voul**ions, que vous **voul**iez, qu'ils *veuill*ent

2 接続法過去 Le passé du subjonctif

形：　| 助動詞 avoir または être の接続法現在＋過去分詞 |

chanter : que j'aie chanté　　　　　　venir : que je sois venu(e)

3 接続法の用法

1）　主節の動詞が意志, 願望, 命令, 疑い, 感情などを表す文の従属節で.

vouloir, désirer, souhaiter, commander, réclamer, douter, craindre, avoir peur, regretter, etc.

Je veux que tu fasses ton lit.　　　　Je suis contente que vous ayez reçu mon courrier.

2）　意志, 判断などを表す非人称構文において.

Il faut que, il vaut mieux que, il convient que, il est nécessaire que, il est temps que, etc.

Il faut que tu partes en avance.

3）　主節が否定文または疑問形で, 従属節の内容が不確実なとき.

Je ne crois pas que, Je ne suis pas sûr que, etc.

Je ne crois pas que tu puisses échanger ton billet de train.

4）　時, 目的, 条件, 譲歩, 結果などを表す接続詞句に導かれる従属節で.

avant que, en attendant que, jusqu'à ce que, pour que, de peur que, à condition que, etc.

Mes parents me laissent sortir à condition que je rentre avant minuit.

5）　先行詞に最上級またはそれに類する表現のあるとき.

le meilleur, le seul, le premier, le dernier, l'unique, etc.

C'est le seul qui sache parler japonais dans cette ville.

Exercices

1   次の文の動詞を接続法現在にしなさい. Mettez les verbes suivants au subjonctif présent. 🎧**59**

1. Je veux que tu (être) à l'heure à ton rendez-vous.
2. Le photographe demande que vous (regarder) par ici.
3. Il faut qu'ils (prendre) leur carte d'identité.
4. Je ne pense pas qu'elle (avoir) des nains dans son jardin !
5. Elle est contente que je (ne pas partir) à l'étranger.
6. Il est nécessaire que nous (savoir) parler français.

2   次の文を接続法現在を使って完成させなさい. 🎧**60**
   Mettez la fin des phrases suivantes au subjonctif présent.

   ex. Je te donne de l'argent pour que (tu — passer — de bonnes vacances).
   → Je te donne de l'argent pour que tu passes de bonnes vacances.

1. Il m'écrit souvent afin que (je — ne pas s'inquiéter).
2. Nous rangeons les nains de jardins dans le garage avant que (les voleurs — les — prendre).
3. Vous achetez les cadeaux sans que (les enfants — le — savoir).
4. Reste ici jusqu'à ce que (ton père — arriver).
5. Il ne prend pas son manteau bien qu' (il — faire — très froid).
6. Je vous permets de sortir à condition que (vous — rentrer — à minuit).

3   次の文を読み, それに合う性格を表す形容詞を見つけましょう.
   Quel est leur caractère ? Trouvez l'adjectif correct.

   ex. Il n'aime pas travailler. Il est (paresseux).

1. Elle adore donner, partager. Elle est (   ).
2. Il n'a jamais peur. Il est (   ).
3. Elle comprend tout très vite. Elle est (   ).
4. Il voit la vie en rose. Il est (   ).
5. Elle sait attendre. Elle est (   ).

4   警察署での会話です. 音声を聞き, 下の文が内容に合っていれば vrai, 間違っていれば faux に×印をつけましょう. Écoutez ce document et répondez par vrai ou faux. 🎧**61**

	Vrai	Faux
1. Le voleur de nains de jardins avait les cheveux blancs.	☐	☐
2. Il portait des lunettes de soleil.	☐	☐
3. Il était gros avec les joues rondes et rouges.	☐	☐
4. Il avait une barbe blanche et les sourcils épais.	☐	☐
5. Il avait les yeux noirs et un petit nez.	☐	☐
6. Il ressemblait à un nain de jardin.	☐	☐
7. Il portait des vêtements sombres.	☐	☐

Les jeunes en France 🎧62

Qui sont les jeunes Français d'aujourd'hui ? Voici quelques informations qui nous donnent une idée de l'identité des jeunes Français de 15 à 25 ans.

La majorité des jeunes de cette tranche d'âge sont scolarisés dans l'enseignement secondaire ou supérieur.

Beaucoup déclarent qu'ils préfèrent vivre chez leurs parents jusqu'à l'obtention de leur premier emploi (20 à 23 ans en moyenne). Pendant l'année ou les vacances universitaires, ils cherchent un petit boulot : vente, restauration, garde d'enfants...

Ils avouent que l'argent gagné est utilisé pour acheter des vêtements, des produits d'hygiène, les sorties, les loisirs, un smartphone ou Internet. Les marques célèbres de vêtements ont aussi une importance pour eux.

Parmi les loisirs, il y a les sports : le football, le tennis, l'équitation, le judo et les sports de glisse sont les préférés. Ces jeunes disent aussi qu'ils adorent sortir : aller au spectacle, au cinéma. Mais ils privilégient les sorties au café et les dîners avec les copains. On peut aussi

compter parmi leurs activités l'utilisation d'Internet avec les séries, les réseaux sociaux, les jeux vidéo et la musique : ils aiment la musique très contemporaine ainsi que les variétés françaises et internationales. Ils laissent une place de plus en plus petite à la lecture, hormis les mangas (B.D.* japonaises) : on a acheté plus de 16 millions de mangas en 2018 en France. Enfin, ils partent souvent en vacances avec leurs copains, la mer est une de leurs destinations préférées.

Mais ils sont aussi conscients des problèmes qui les concernent : le chômage, la consommation d'alcool, de tabac et de drogue qui augmente, les accidents, la délinquance, la violence, et l'obésité due en grande partie au grignotage.

Malgré cela, la majorité des jeunes semblent heureux et profitent bien de ce moment privilégié de la vie !

*B.D. : bandes dessinées

Répondez aux questions suivantes sur le texte. 🎧63

1. Jusqu'à quel âge les jeunes Français vivent-ils chez leurs parents en moyenne ?
2. Qu'est-ce qu'ils font comme petit boulot ?
3. Comment dépensent-ils l'argent qu'ils ont gagné ?
4. Quels loisirs ont-ils ?
5. Qu'est-ce qu'ils aiment lire ?
6. Quels sont les problèmes qui les concernent ?

Les Jeunes (15-25 ans) et leurs loisirs

Selon un sondage effectué par IPSOS en 2018 sur 1 500 personnes, les jeunes Français de 15-25 ans pratiquent, dans le cadre de leurs loisirs, 9 activités en moyenne par semaine, dont 5 quotidiennes.

Voici dans l'ordre les 5 premières :

1)	**Écouter de la musique**	**75%**
2)	**Aller sur les réseaux sociaux**	**72%**
3)	**Échanger à distance avec des amis**	**60%**
4)	**Regarder des vidéos**	**56%**
5)	**Regarder la TV**	**55%**

Lire un livre se trouve en 9ème position (18%). Ils passent beaucoup de temps sur Internet (14h48 par semaine) et sur leur smartphone (14h50 par semaine).

動詞と名詞を結びつけて語彙を増やすようにしましょう.
以下に，10 課の語彙を中心に 25 の語を ABC 順にあげていますので，各自，接尾語(-tion, -ment, -age, -ence など)ごとにまとめなおすなどして語彙を増やしてください.

acheter	— achat	augmenter	— augmentation
avouer	— aveu	compter	— compte
consommer	— consommation	déclarer	— déclaration
employer	— emploi	enseigner	— enseignement
garder	— garde	grignoter	— grignotage
informer	— information	identifier	— identification, identité
lire	— lecture	obtenir	— obtention
préférer	— préférence	privilégier	— privilège
produire	— produit	profiter	— profit
restaurer	— restauration	scolariser	— scolarité
sonder	— sondage	sortir	— sortie
utiliser	— utilisation	varier	— variété
vendre	— vente		

Grammaire

1 直接話法と間接話法 Le discours direct et indirect

人の言った言葉をそのまま記すのが直接話法で，話者の言葉に改めて伝達するのが間接話法である．人称・時制の一致に注意しなければならない．場所や時を表す副詞（句）を変える必要のある場合もある．

文の種類によって接続詞は異なる．

1）平叙文：接続詞 que を用いる．

Marie a dit : « Je préfère vivre chez mes parents. »

→ Marie a dit qu'elle préférait vivre chez ses parents.

2）疑問文：

   a. 疑問詞のない場合：si を用いる．

Il me demande : « Est-ce que tu veux aller au restaurant ? »

→ Il me demande si je veux aller au restaurant.

   b. 疑問詞のある場合：その疑問詞を用いる．

（qu'est-ce que → ce que, qu'est-ce qui → ce qui になる．）

Elle demande : « D'où vient ce train ? »

→ Elle demande d'où ce train vient.

Elle m'a demandé : « Qu'est-ce que tu regardes à la télé ? »

→ Elle m'a demandé ce que je regardais à la télé.

3）命令文：de ＋不定法

Mes parents me disent : « Appelle demain. »

→ Mes parents me disent d'appeler demain.

2 時制の照応 La concordance des temps

1）主節の動詞が過去のときは，従属節の動詞は下記のようになる．

現在　　　→ 半過去
複合過去 → 大過去
未来　　　→ 条件法現在
前未来　　→ 条件法過去

2）副詞の照応が必要なときは下記のようになる．

il y a trois jours　→ trois jours avant
avant-hier　　　　→ l'avant-veille
hier　　　　　　　→ la veille
aujourd'hui　　　→ ce jour-là
demain　　　　　→ le lendemain
après-demain　　→ le surlendemain
dans trois jours　→ trois jours après

Exercices

1 次の文を間接話法に直しなさい. Mettez les phrases et questions suivantes au discours indirect. 🎧**64**

1. Le docteur dit au malade : « Vous avez la grippe. »
2. Elise demande à son papa : « Est-ce que je peux aller au cinéma ? »
3. Le directeur demande à son employé : « Quand finirez-vous le dossier ? »
4. L'instituteur demande à son élève : « Qu'est-ce que tu comprends ? »
5. La cliente demande : « Combien coûte la robe blanche ? »
6. La maman dit à son fils : « Mange proprement ! »

2 次の文を間接話法に直しなさい. 時制の一致に気をつけましょう. 🎧**65**
Mettez les phrases et questions suivantes au discours indirect. Attention au passé !

1. Le vendeur a dit au client : « Je n'ai pas encore reçu les livres commandés. »
2. Le directeur a écrit à ses employés : « Il y aura une réunion dans mon bureau demain à 17 heures. »
3. Monsieur Lucas va dire à son voisin : « Ne laissez pas courir votre chien dans mon jardin ! »
4. Madame Honniball a dit à sa voisine : « N'oubliez pas de fermer votre porte à clé. »
5. La boulangère a annoncé : « Je fermerai le magasin au mois d'août. »
6. Le douanier a demandé au voyageur : « D'où venez-vous ? »
7. Le professeur a demandé à ses collègues : « Combien d'étudiants avez-vous dans votre classe ? »

3 録音されている2人の人のインタビューを聞いて次の文が合っているか間違っているか記しなさい.
Écoutez cette interview de deux jeunes Français et répondez aux questions par vrai ou faux. 🎧**66**

	Vrai	Faux
1. Aurélien a 8 ans.	☐	☐
2. Il a déjà commencé l'université.	☐	☐
3. Il est serveur dans un restaurant pendant les vacances.	☐	☐
4. Il a peur du chômage.	☐	☐
5. Eulalie garde souvent des enfants.	☐	☐
6. Elle a 19 ans.	☐	☐
7. Elle adore la discothèque.	☐	☐
8. Elle déteste la fumée et l'alcool.	☐	☐
9. Elle aime étudier, lire et écouter de la musique.	☐	☐
10. Pendant les vacances d'été, elle ne reste jamais chez ses parents.	☐	☐

Documents

Mangas, karaoké, aïkido, futons, sushis et thé vert... la culture japonaise sous toutes ses formes séduit massivement les jeunes générations. Enquête sur cette nouvelle folie.

Tous fondus de Japon

Statistiques : la France est le deuxième consommateur de mangas (BD japonaises) au monde après le Japon. Avec 600 000 licenciés, le judo s'affiche comme notre quatrième sport national, derrière le foot, le tennis et l'équitation. La jeune garde ne jure que par les karaokés et troque cartes ou figurines nipponnes à la récré. Les cours de japonais croulent sous le poids d'apprenants de tous âges, du lycée à la retraite ! Le futon, nec plus ultra de l'art déco, trône au milieu de nos chambres. Les sushis prennent une place de plus en plus importante dans les repas français et envahissent le rayon frais des supermarchés, faisant de l'ombre au traditionnel jambon-beurre ! Après l'*American way of life*, voici que le *made in Japan* continue à envahir l'Hexagone et s'y développer. Culture ancestrale, vie quotidienne ou loisirs, la France règle ses pendules sur l'archipel asiatique. D'ailleurs, du 4 au 7 juillet 2019, pour ses 20 ans, Japan Expo, le festival des loisirs nippons, s'apprête à recevoir 250 000 visiteurs, sur 140 000 m^2, au Parc des Expositions de Paris-Nord Villepinte ! Au programme : karaokés, mangas et concours de déguisements Cosplay (incarnation costumée de personnages de mangas), mais aussi démonstration de maîtres en arts martiaux, cérémonie du thé, jardin zen, conférences, expositions... Japan Expo, porté par de très nombreux saisonniers et professionnels, s'impose comme le plus grand festival sur le Japon en Europe.

Les objets fétiches indispensables des « Japon-maniaques »

Les accessoires Hello Kitty. Cette petite chatte « Kawaï » (mignonne) est une star au Japon. Elle se décline sous toutes les formes : vêtements, sacs, ustensiles, papeterie...

L'ikebana. Cet art de la composition florale obéit depuis le VIIe siècle à des codes et à une symbolique précise. Autrefois réservé aux samouraïs, il est aujourd'hui un divertissement ouvert à tous.

L'origami, ou l'art du pliage japonais,

consiste à créer un objet décoratif (fleur, animaux...) à partir d'une simple feuille de papier, sans collage ni découpage.

Le futon. C'est le premier matelas du monde ! Il se compose de plusieurs épaisseurs de coton cardé. Au Japon, on le roule et on le range la journée dans un placard.

Les théières en fonte « kyusu ». Depuis 900 ans, elles sont utilisées pour préserver la chaleur du thé. Elles sont considérées comme bénéfiques pour la santé car, au contact de la fonte, l'eau du thé s'enrichit de traces de fer.

Mon rêve : habiter là-bas et m'y marier

J'ai toujours eu l'intuition que ce pays me correspondait. Toute ma vie, j'ai baigné dans cet univers, placardant des affiches de mangas sur les murs ou mangeant des nouilles avec des baguettes... J'adorais l'ambiance et l'harmonie dépeinte dans les mangas : les petites maisons alignées, la vie paisible, les uniformes... D'ailleurs, quand j'y suis allée, à 20 ans, je me suis immédiatement sentie chez moi. L'an prochain, forte de mes six années d'études de japonais, je vais passer un an sur place pour chercher un travail. Si ça marche, je resterai, et j'espère épouser un Japonais...

Aujourd'hui, le Japon, c'est toute ma vie

Quand j'ai fait l'Ecole de BD d'Angoulême, j'ai découvert le manga Dragon Ball. J'ai été subjugué. Ce jour-là, ma vie a pris une nouvelle direction : je suis devenu le « nettoyeur » à la recherche de tout ce que l'on pouvait trouver dans ce domaine. Je dépensais 1 000 € par

mois en vidéos, figurines, BD... Il m'arrivait de relire vingt fois un même manga. Les héroïnes me faisaient fantasmer. Heureusement, ma copine de l'époque m'a aidé à garder les pieds sur terre. Aujourd'hui, le Japon, c'est ma vie : je vis avec Kaori, une Japonaise. Et j'ai créé un personnage typiquement japonais, Pinpin le lapin.

Exercices

1 余暇についての録音を聞き，次の表に記入しなさい． 🎧**67**
Écoutez ce document sur les loisirs et complétez le tableau.

	quelles activités	jours	heures	prix	durée
Activités sportives					
Activités gastronomiques					
Activités musicales					
Activités manuelles					
Activités sociales					

2 以下は体操クラブへの問い合わせの手紙です．読んで内容を理解しましょう．
Lisez cette lettre de demande d'informations sur un club de gymnastique.

Madame, Monsieur,

Je souhaiterais obtenir quelques informations sur les cours de gymnastique qui ont lieu dans votre établissement.

Pourriez-vous me donner les jours et les heures de cours ? Je voudrais aussi connaître le prix de l'inscription et savoir jusqu'à quelle date durent les cours. Est-ce qu'il est possible de payer mensuellement ? Quels papiers doit-on apporter le jour de l'inscription ?

Pouvez-vous aussi m'informer de l'équipement qu'il faut avoir pour assister à ces cours ? (vêtements, chaussures, serviette de bain...)

Enfin, je souhaiterais savoir s'il y a la possibilité de prendre une douche après les cours.

Dans l'attente de votre réponse, je vous prie de recevoir, Madame, Monsieur, l'expression de mes sincères remerciements.

Madame Cathy Breton.

3 上記２の文章を参考にして，フランス料理教室への問い合わせの手紙を書いてみましょう．

À votre tour, écrivez une lettre de demande d'informations sur un club de cuisine française.

Madame, Monsieur,

  Je souhaiterais obtenir quelques informations sur les cours de cuisine française qui ont lieu dans votre établissement.

  Dans l'attente de votre réponse, je vous prie de recevoir, Madame, Monsieur, l'expression de mes sincères remerciements.

4 次の１〜14までの単語と関連する語を右のA〜Nから選んで結びなさい．

Reliez les notions concernant les jeunes avec le sens qui correspond.

1	Un petit boulot	A	La musique actuelle
2	Les sorties	B	Fumer
3	La musique contemporaine	C	Boire beaucoup d'alcool
4	La liberté	D	Être très gros
5	L'amitié	E	Aller au restaurant, bar, cinéma...
6	La famille	F	Ne pas trouver de travail
7	L'alcoolisme	G	Prendre des substances toxiques
8	Le tabac	H	Manger en dehors des repas
9	La drogue	I	Être libre et faire ce qu'on veut
10	La délinquance	J	Les parents
11	La violence	K	Un petit travail
12	L'obésité	L	Avoir des copains, des copines
13	Le grignotage	M	La brutalité
14	Le chômage	N	La petite criminalité

1. __ 2. __ 3. __ 4. __ 5. __ 6. __ 7. __ 8. __ 9. __ 10. __ 11. __ 12. __ 13. __ 14. __

5 p.54, p.55 の日本についての特集記事を読んでみましょう．

Lisez l'article sur le Japon et la France des pages 54 et 55.

不 定 詞 過去分詞	直　説　法			条件法	接続法
	現　在	半過去	単純未来	現　在	現　在
1. **aller** allé	je vais tu vas il va n. allons v. allez ils vont	j' allais tu allais il allait n. allions v. alliez ils allaient	j' irai tu iras il ira n. irons v. irez ils iront	j' irais tu irais il irait n. irions v. iriez ils iraient	j' aille tu ailles il aille n. allions v. alliez ils aillent
2. **appeler** appelé	j' appelle tu appelles il appelle n. appelons v. appelez ils appellent	j' appelais tu appelais il appelait n. appelions v. appeliez ils appelaient	j' appellerai tu appelleras il appellera n. appellerons v. appellerez ils appelleront	j' appellerais tu appellerais il appellerait n. appellerions v. appelleriez ils appelleraient	j' appelle tu appelles il appelle n. appelions v. appeliez ils appellent
3. **avoir** eu	j' ai tu as il a n. avons v. avez ils ont	j' avais tu avais il avait n. avions v. aviez ils avaient	j' aurai tu auras il aura n. aurons v. aurez ils auront	j' aurais tu aurais il aurait n. aurions v. auriez ils auraient	j' aie tu aies il ait n. ayons v. ayez ils aient
4. **commencer** commencé	je commence tu commences il commence n. commençons v. commencez ils commencent	je commençais tu commençais il commençait n. commencions v. commenciez ils commençaient	je commencerai tu commenceras il commencera n. commencerons v. commencerez ils commenceront	je commencerais tu commencerais il commencerait n. commencerions v. commenceriez ils commenceraient	je commence tu commences il commence n. commencions v. commenciez ils commencent
5. **connaître** connu	je connais tu connais il connaît n. connaissons v. connaissez ils connaissent	je connaissais tu connaissais il connaissait n. connaissions v. connaissiez ils connaissaient	je connaîtrai tu connaîtras il connaîtra n. connaîtrons v. connaîtrez ils connaîtront	je connaîtrais tu connaîtrais il connaîtrait n. connaîtrions v. connaîtriez ils connaîtraient	je connaisse tu connaisses il connaisse n. connaissions v. connaissiez ils connaissent
6. **construire** construit	je construis tu construis il construit n. construisons v. construisez ils construisent	je construisais tu construisais il construisait n. construisions v. construisiez ils construisaient	je construirai tu construiras il construira n. construirons v. construirez ils construiront	je construirais tu construirais il construirait n. construirions v. construiriez ils construiraient	je construise tu construises il construise n. construisions v. construisiez ils construisent
7. **courir** couru	je cours tu cours il court n. courons v. courez ils courent	je courais tu courais il courait n. courions v. couriez ils couraient	je courrai tu courras il courra n. courrons v. courrez ils courront	je courrais tu courrais il courrait n. courrions v. courriez ils courraient	je coure tu coures il coure n. courions v. couriez ils courent

不定詞 過去分詞	直　説　法			条件法	接続法
	現　在	半過去	単純未来	現　在	現　在
8. **descendre** descendu	je descends tu descends il descend n. descendons v. descendez ils descendent	je descendais tu descendais il descendait n. descendions v. descendiez ils descendaient	je descendrai tu descendras il descendra n. descendrons v. descendrez ils descendront	je descendrais tu descendrais il descendrait n. descendrions v. descendriez ils descendraient	je descende tu descendes il descende n. descendions v. descendiez ils descendent
9. **devoir** dû	je dois tu dois il doit n. devons v. devez ils doivent	je devais tu devais il devait n. devions v. deviez ils devaient	je devrai tu devras il devra n. devrons v. devrez ils devront	je devrais tu devrais il devrait n. devrions v. devriez ils devraient	je doive tu doives il doive n. devions v. deviez ils doivent
10. **dormir** dormi	je dors tu dors il dort n. dormons v. dormez ils dorment	je dormais tu dormais il dormait n. dormions v. dormiez ils dormaient	je dormirai tu dormiras il dormira n. dormirons v. dormirez ils dormiront	je dormirais tu dormirais il dormirait n. dormirions v. dormiriez ils dormiraient	je dorme tu dormes il dorme n. dormions v. dormiez ils dorment
11. **écrire** écrit	j' écris tu écris il écrit n. écrivons v. écrivez ils écrivent	j' écrivais tu écrivais il écrivait n. écrivions v. écriviez ils écrivaient	j' écrirai tu écriras il écrira n. écrirons v. écrirez ils écriront	j' écrirais tu écrirais il écrirait n. écririons v. écririez ils écriraient	j' écrive tu écrives il écrive n. écrivions v. écriviez ils écrivent
12. **entendre** entendu	j' entends tu entends il entend n. entendons v. entendez ils entendent	j' entendais tu entendais il entendait n. entendions v. entendiez ils entendaient	j' entendrai tu entendras il entendra n. entendrons v. entendrez ils entendront	j' entendrais tu entendrais il entendrait n. entendrions v. entendriez ils entendraient	j' entende tu entendes il entende n. entendions v. entendiez ils entendent
13. **être** été	je suis tu es il est n. sommes v. êtes ils sont	j' étais tu étais il était n. étions v. étiez ils étaient	je serai tu seras il sera n. serons v. serez ils seront	je scrais tu serais il serait n. serions v. seriez ils seraient	je sois tu sois il soit n. soyons v. soyez ils soient
14. **faire** fait	je fais tu fais il fait n. faisons v. faites ils font	je faisais tu faisais il faisait n. faisions v. faisiez ils faisaient	je ferai tu feras il fera n. ferons v. ferez ils feront	je ferais tu ferais il ferait n. ferions v. feriez ils feraient	je fasse tu fasses il fasse n. fassions v. fassiez ils fassent

不 定 詞 過去分詞	直　　説　　法			条件法	接続法
	現　在	半過去	単純未来	現　在	現　在
15. **lever** levé	je lève tu lèves il lève n. levons v. levez ils lèvent	je levais tu levais il levait n. levions v. leviez ils levaient	je lèverai tu lèveras il lèvera n. lèverons v. lèverez ils lèveront	je lèverais tu lèverais il lèverait n. lèverions v. lèveriez ils lèveraient	je lève tu lèves il lève n. levions v. leviez ils lèvent
16. **manger** mangé	je mange tu manges il mange n. mangeons v. mangez ils mangent	je mangeais tu mangeais il mangeait n. mangions v. mangiez ils mangeaient	je mangerai tu mangeras il mangera n. mangerons v. mangerez ils mangeront	je mangerais tu mangerais il mangerait n. mangerions v. mangeriez ils mangeraient	je mange tu manges il mange n. mangions v. mangiez ils mangent
17. **partir** parti	je pars tu pars il part n. partons v. partez ils partent	je partais tu partais il partait n. partions v. partiez ils partaient	je partirai tu partiras il partira n. partirons v. partirez ils partiront	je partirais tu partirais il partirait n. partirions v. partiriez ils partiraient	je parte tu partes il parte n. partions v. partiez ils partent
18. **perdre** perdu	je perds tu perds il perd n. perdons v. perdez ils perdent	je perdais tu perdais il perdait n. perdions v. perdiez ils perdaient	je perdrai tu perdras il perdra n. perdrons v. perdrez ils perdront	je perdrais tu perdrais il perdrait n. perdrions v. perdriez ils perdraient	je perde tu perdes il perde n. perdions v. perdiez ils perdent
19. **pouvoir** pu	je peux tu peux il peut n. pouvons v. pouvez ils peuvent	je pouvais tu pouvais il pouvait n. pouvions v. pouviez ils pouvaient	je pourrai tu pourras il pourra n. pourrons v. pourrez ils pourront	je pourrais tu pourrais il pourrait n. pourrions v. pourriez ils pourraient	je puisse tu puisses il puisse n. puissions v. puissiez ils puissent
20. **prendre** pris	je prends tu prends il prend n. prenons v. prenez ils prennent	je prenais tu prenais il prenait n. prenions v. preniez ils prenaient	je prendrai tu prendras il prendra n. prendrons v. prendrez ils prendront	je prendrais tu prendrais il prendrait n. prendrions v. prendriez ils prendraient	je prenne tu prennes il prenne n. prenions v. preniez ils prennent
21. **répéter** répété	je répète tu répètes il répète n. répétons v. répétez ils répètent	je répétais tu répétais il répétait n. répétions v. répétiez ils répétaient	je répéterai tu répéteras il répétera n. répéterons v. répéterez ils répéteront	je répéterais tu répéterais il répéterait n. répéterions v. répéteriez ils répéteraient	je répète tu répètes il répète n. répétions v. répétiez ils répètent

不 定 詞	直　　説　　法			条件法	接続法
過去分詞	現　　在	半過去	単純未来	現　　在	現　　在
22. **sortir** sorti	je sors tu sors il sort n. sortons v. sortez ils sortent	je sortais tu sortais il sortait n. sortions v. sortiez ils sortaient	je sortirai tu sortiras il sortira n. sortirons v. sortirez ils sortiront	je sortirais tu sortirais il sortirait n. sortirions v. sortiriez ils sortiraient	je sorte tu sortes il sorte n. sortions v. sortiez ils sortent
23. **suivre** suivi	je suis tu suis il suit n. suivons v. suivez ils suivent	je suivais tu suivais il suivait n. suivions v. suiviez ils suivaient	je suivrai tu suivras il suivra n. suivrons v. suivrez ils suivront	je suivrais tu suivrais il suivrait n. suivrions v. suivriez ils suivraient	je suive tu suives il suive n. suivions v. suiviez ils suivent
24. **venir** venu	je viens tu viens il vient n. venons v. venez ils viennent	je venais tu venais il venait n. venions v. veniez ils venaient	je viendrai tu viendras il viendra n. viendrons v. viendrez ils viendront	je viendrais tu viendrais il viendrait n. viendrions v. viendriez ils viendraient	je vienne tu viennes il vienne n. venions v. veniez ils viennent
25. **voir** vu	je vois tu vois il voit n. voyons v. voyez ils voient	je voyais tu voyais il voyait n. voyions v. voyiez ils voyaient	je verrai tu verras il verra n. verrons v. verrez ils verront	je verrais tu verrais il verrait n. verrions v. verriez ils verraient	je voie tu voies il voie n. voyions v. voyiez ils voient
26. **vouloir** voulu	je veux tu veux il veut n. voulons v. voulez ils veulent	je voulais tu voulais il voulait n. voulions v. vouliez ils voulaient	je voudrai tu voudras il voudra n. voudrons v. voudrez ils voudront	je voudrais tu voudrais il voudrait n. voudrions v. voudriez ils voudraient	je veuille tu veuilles il veuille n. voulions v. vouliez ils veuillent

著者紹介

阿南　婦美代（ANAN Fumiyo）
　　長崎外国語大学名誉教授

セシル・モラン（Cécile MORIN）
　　西フランス・カトリック大学フランス語教育国際センター（C.I.D.E.F.）講師

《改訂版》

パショネマン2

2020 年 3 月 15 日　初版発行
2022 年 3 月 15 日　2 版発行

著　者　阿　南　婦　美　代
　　　　セ　シ　ル・モ　ラ　ン
発行者　藤　井　嘉　明
印刷所　幸和印刷株式会社

発行・発売　　トレフル出版
〒240-0022　横浜市保土ヶ谷区西久保町 111
有限会社 夢舎工房内
TEL 045-332-7922 / FAX 045-332-7922
https://www.trefle.press

仏検合格 読みトレ！準２級

甲斐基文 [編著]　　A5判　２色刷　136ページ
定価：本体 2,100 円＋税　　音声無料DL（ダウンロード）付

本書は，仏検準２級の過去問から読解問題を精選し，長文問題（空欄完成・内容一致）と会話問題（空欄完成），計30題を収録．問題，解説と解答，区切り訳（フランス語の文に意味の区切りで斜線を入れて日本語訳を付け，赤セルシートで訳を隠し，仏語の語順で頭から意味をとる練習が可能），語句と理解のポイント，通し訳で構成．学習者がつまずきやすいフランス語の文の構造を視覚的に図解しました．音読，速読，シャドーイングに適し，「読む」だけでなく「聞く」，「話す」力も養成．弊社サイトから「速読トレーニング記録表」をダウンロードできます．別売２枚組CDあり（本体 1,500 円＋税）．

仏検合格 読みトレ！３級

甲斐基文 [編著]　　A5判　２色刷　140ページ　CD１枚付
定価：本体 1,900 円＋税　　音声無料DL付

本書は，仏検３級の過去問から読解問題を精選し，長文問題（内容一致）と会話問題（空欄完成），計32題を収録．問題，解説と解答，区切り訳（フランス語の文に意味の区切りで斜線を入れて日本語訳を付け，赤セルシートで訳を隠し，仏語の語順で頭から意味をとる練習が可能），語句と理解のポイント，通し訳で構成．音読，速読，シャドーイングに適し，「読む」だけでなく「聞く」，「話す」力も養成．弊社サイトから「本書の構成と使い方補足」と「速読トレーニング記録表」をダウンロードできます．

仏検合格 熟語＋単語 ３級

マリ・ガボリオ／小石 悟 [共著]　　四六判変型　２色刷　208ページ
定価：本体 2,500 円＋税　　音声無料DL付

仏検３級の過去問をデータベース化し，３級に頻出し，必要な基本熟語，口語表現，基本語彙を厳選．覚えやすいようにグルーピングしました．各見出し語には，仏検で狙われやすい意味，用法を掲載．見出し語の意味などを赤字にしてあるので，付属の赤セルシートで隠して，覚えているかどうかをチェックできます！音声ファイルは，弊社ウェブサイトから無料でダウンロードでき，フランス語と日本語の意味の両方を耳からインプットすれば，「聞く」「話す」力もアップ．同じ内容を収録した３枚組の別売CDあり（本体 2,000 円＋税）．

姉妹書：「仏検合格 熟語＋単語 準２級」　音声DL付　定価：本体 2,300 円＋税